Dieter Lämpe

Angriff auf Dresdens Tote

Ein unwürdiges Zahlenspiel im Zusammenhang mit der Zerstörung Dresdens am 13./14. Februar 1945

SPOTLESS

ISBN 978-3-360-02023-9

spotless erscheint im Verlag edition ost
Redaktion: Frank Schumann

Umschlaggestaltung/Satz: edition ost
Cover-Foto: Die zerstörte Frauenkirche in Dresden mit Lutherdenkmal in den 70er Jahren als Mahnmal gegen Krieg und Faschismus

Druck und Bindung: Salzland Druck, Staßfurt

Ein Verlagsverzeichnis schicken wir Ihnen gern:
Das Neue Berlin Verlagsgesellschaft mbH
Neue Grünstr. 18, 10179 Berlin
Fax 01805/35 35 42
Tel. 01805/30 99 99 (0,14 Euro/Min. aus dem deutschen Festnetz, abweichende Preise für Mobilfunkteilnehmer)

Die Bücher von spotless werden von der Eulenspiegel Verlagsgruppe vertrieben.
Bezug im Abonnement: 12 Ausgaben im Jahr,
Jahresabonnement Inland 59,50 Euro,
Europa 74,50 Euro, Welt 84,50 Euro
Einzelausgabe: 5,95 Euro
www.spotlessverlag.de

Inhalt

Es ist sicherlich ein Gemeinplatz:
Aber jedes Forschungsergebnis ist beliebig nutzbar.
Was der Erkenntnis dienen oder nutzen soll,
ist immer auch Instrument. [...]
Von Skrupel möchte ich nicht sprechen, mir geht es
um die Ethik der Forschung.

Helmut Müller-Enbergs über Forscherehrgeiz
in: *Neues Deutschland*, 30./31. Mai 2009

Vorwort

Walter Weidauer, Oberbürgermeister der Stadt Dresden von 1946 bis 1958, schrieb das sehr aufschlussreiche Buch »Inferno Dresden. Über Lügen und Legenden um die Aktion ›Donnerschlag‹«, über das Bombardement vom Februar 1945 auf diese weltbekannte Stadt an der Elbe, von vielen als Elbflorenz bezeichnet. Das Buch erfuhr im Jahre 1990 seine 8. Auflage, allerdings ohne das in den vorhergehenden Auflagen enthaltene Vorwort des Autors.

Kenntnisreich und mit einer Vielzahl von Dokumenten und – teilweise anderwärts schriftlich vorliegenden – Zeitzeugenaussagen versehen, bringt Weidauer (eigentlich) unwiderlegbare Beweise für die Zahl der Opfer der angloamerikanischen Bombenangriffe auf Dresden am 13., 14. und 15. Februar 1945. Im »Inferno Dresden« schrieb er, dass sich die Zahl der Toten um etwa 35.000 bewegt habe. Aufschlussreich ist, und das soll vorab gesagt werden, dass diese Dokumente und schriftlichen Zeugenschaften heute angeblich nicht mehr auffindbar seien bzw. nicht existiert haben sollen.

Seit den Jahren 1989/90 wird offensichtlich von verschiedenen Kreisen – mit welcher Absicht auch immer – der Versuch unternommen, diese in der DDR publizierten Opferzahlen in Zweifel zu ziehen, wobei man sich zwischenzeitlich wohl darauf verständigt hat, neuere »wissenschaftliche« Untersuchungen und Erhebungen als verbindlich zu erklären.

Und die gehen von »nur« 25.000 Toten aus.

Über mögliche Hintergründe und den bisherigen Werdegang dieser Versuche soll die vorliegende Dokumentation Auskunft geben. Sie fußt auf meinem Schriftverkehr mit Funktionsträgern und der eigens dafür berufenen »Dresdner Historikerkommission zur Ermittlung der Opferzahlen der Luftangriffe auf die Stadt Dresden am 13./14. Februar 1945«.

Eigene Recherchen in Dresden – insbesondere im Nachlass Walter Weidauers – sowie Studien in der 1998 erschienenen Sonderausgabe des Buches »Dresden im Luftkrieg – Vorgeschichte – Zerstörung – Folgen« von Götz Bergander sollen den Beweis dafür erbringen, dass die in vielfachen Dokumenten nachgewiesenen mindestens 35.000 Todesopfer der Bombardements auf Dresden im Februar 1945 eine unumstößliche Tatsache sind.

Die Vorgeschichte – Walter Weidauers Buch »Inferno Dresden«

Zum besseren Verständnis des Gesamtanliegens dieser Dokumentation die wesentlichsten Auszüge aus Walter Weidauers Buch, die die tatsächlichen – 1945/46 ermittelten – Opferzahlen betreffen. Im Kapitel »Lügen und Legenden um eine verbrecherische Aktion« heißt es dort im Abschnitt »Will man mit den Toten ein Geschäft machen?«:

»Die ersten Schätzungen der Zahl der Opfer unmittelbar nach dem Angriff wurden von den faschistischen Organen in Dresden selbst vorgenommen. Sie beliefen sich auf 60.000 Tote. […] In Dresden, aber auch in der Weltöffentlichkeit, sprach man jedoch etwas später von 250.000 Opfern. […]

Unter der Dresdner Bevölkerung hielt sich ebenfalls hartnäckig das Gerücht von den 250.000 Toten. Es ist verständlich, dass in den ersten Monaten nach der Zerschlagung des Hitlerfaschismus bei all denen, die damals am Aufbau der antifaschistisch-demokratischen Ordnung, an der Überwindung der katastrophalen Verhältnisse mitarbeiteten, zunächst keine Zeit für eine langwierige und komplizierte Untersuchung der Zahl der Opfer vorhanden war. […] Deshalb redete man allgemein von *Hunderttausenden* Toten, ohne dass die Unterlagen geprüft und Beweise dafür vorhanden waren.

Verschiedene Gründe veranlassten später die neue Stadtverwaltung, den Versuch zu unternehmen, die Zahl der Luftkriegsopfer in Dresden exakt zu ermitteln. Das Vorhaben wurde auch vom damaligen sowjetischen Stadtkommandanten, Oberst Spiridonow, begrüßt und unterstützt, der der Stadtverwaltung nahe legte, alle Umstände besonders gründlich zu erwägen. Eine Kommission, der auch der Verfasser angehörte, prüfte genau alle vorhandenen Unterlagen.

Ende 1946 lag das Ergebnis vor. Mit Hunderten Personen, die etwas darüber wissen konnten, war gesprochen worden. Augenzeugenberichte wurden ausgewertet und amtliche Unterlagen geprüft. Vor allem bei den Friedhofsverwaltungen gab es relativ genaue Aufzeichnungen über die Zahl der Erdbestattungen und auch über die Verbrennungen auf dem Altmarkt.

Die Dokumente des Bestattungsamtes der Stadt Dresden weisen aus, wo die Opfer der Angriffe vom 13., 14. und 15. Februar 1945 bestattet wurden. Bis Anfang Mai 1945 wurden die Opfer zum allergrößten Teil auf dem Heidefriedhof an der Moritzburger Landstraße und auf dem Johannisfriedhof an der Wehlener Straße beigesetzt. Das trifft allerdings nicht für die weit über 1.000 Opfer zu, die bei den Angriffen am 7. Oktober 1944, am 16. Januar, am 2. März und am 17. April 1945 zu beklagen waren. Auf den anderen Dresdner Friedhöfen wurden in größerem Umfang erst nach dem 8. Mai 1945 Opfer bestattet, die bei der Enttrümmerung geborgen worden waren.

Auf dem Heidefriedhof wurden, nach den schriftlich vorliegenden Aussagen des Oberfriedhofsgärtners Zeppenfeld, der an den Bestattungen beteiligt und deshalb am besten informiert war, insgesamt 28.746 Tote, einschließlich der Asche der 6.865 auf dem Altmarkt eingeäscherten Opfer, beigesetzt. Auf dem Johannisfriedhof sind, nach Bestätigung durch den Verwaltungsdirektor Herrmann, insgesamt 3.666 Opfer der Terrorangriffe beerdigt worden.

Auf Grund dieser detaillierten Untersuchungen und nach Prüfung aller vorliegenden Aussagen beteiligter Personen kam die Kommission damals einmütig zu dem Ergebnis, dass – abgesehen von den Opfern, die zu dieser Zeit noch unter den Trümmern lagen – etwas mehr als 32.000 Tote geborgen worden waren.

Der Verfasser (*d. i. Weidauer – D. L.*) wandte sich an fünf damals leitende Mitarbeiter der Stadtverwaltung Dresden, die an der Ermittlung der Zahl der Opfer beteiligt waren. Es sind dies:

Kurt Liebermann, Dresden, damals Leiter des Nachrichtenamtes der Stadt Dresden;

Ilse Liebermann, Dresden, damals Mitarbeiterin im Nachrichtenamt der Stadt Dresden;

Harry Dürichen, Dresden, damals Abteilungsleiter des Statistischen Amtes der Stadt Dresden;

Herbert Edel, Dresden, damals leitender Mitarbeiter des Statistischen Amtes der Stadt Dresden;

Fritz Träger, damals Mitarbeiter im Sekretariat des Oberbürgermeisters der Stadt Dresden.

Alle fünf bestätigen in ihren schriftlich vorliegenden Aussagen die obigen Feststellungen.

(Die Schreiben der Obengenannten vom 13. Februar 1965, 13. Februar 1965, 19. Dezember 1964, 15. Dezember 1964 und 28. November 1964 im Besitz des Verfassers.)

Da die Enttrümmerung 1946/47 noch längst nicht abgeschlossen war, musste die Kommission notgedrungen die Zahl der Opfer, die noch unter den Trümmern lagen, schätzen. Nach reiflicher Überlegung und auf Grund der bis dahin bei der Enttrümmerung gesammelten Erfahrungen rechneten wir mit höchsten weiteren 3.000 Toten.

Wieviel waren es aber nun tatsächlich, die noch unter den Trümmern lagen? War die Vermutung richtig?

Seit dem 8. Mai 1945 sind in Dresden, nach den lückenlos vorhandenen Unterlagen aller Friedhöfe, bei der Enttrümmerung 1.858 Leichen geborgen worden. Nur bei vier Funden war es unmöglich, aus den verkohlten Resten die Zahl der Personen genau zu ermitteln. Insgesamt dürften das aber, nach den vorliegenden Bergungsberichten, bestimmt nicht mehr als 100 Personen gewesen sein.

Die weit verbreitete Annahme, dass viele Zehntausende so vollständig verbrannt oder zerfetzt worden seien, dass eine Unterscheidung der einzelnen menschlichen Körper – und damit die Ermittlung ihrer Anzahl – nicht mehr möglich war, findet in den gewissenhaft durchgeführten Feststellungen bei der Bergung von Opfern nach dem 8. Mai 1945 keine Stütze. Auch alle an der Bergung und Bestattung der Opfer unmittelbar nach dem 13./14. Februar Beteiligten bestätigen das im wesentlichen. […]

Da bei der Enttrümmerung sehr gründlich auch die Keller ausgeräumt wurden, ist mit Sicherheit anzunehmen, dass es sich – wenn überhaupt – nur um ganz wenige verschüttete und trotz aller Sorgfalt nicht gefundene Opfer handeln kann, die nicht erfasst wurden. Unsere

1946 angestellten Ermittlungen über die Zahl der Opfer der Luftangriffe vom Februar 1945 waren also ziemlich genau. Das wird auch durch später aufgefundene Dokumente, auf die noch zurückzukommen ist, vollauf bestätigt. [...]

Seit vielen Jahren ist bekannt und auch bewiesen, dass die Angriffe auf Dresden am 13./14. Februar etwa 35.000 Menschen das Leben gekostet haben.«

Soweit Walter Weidauer in der 1983 edierten 4., durchgesehenen und ergänzten Auflages seines »Inferno Dresden«.

Alle Jahre wieder – Kampf um Opferzahlen

Unter dieser Überschrift erschien in der Tageszeitung *Neues Deutschland* am 12. Februar 2009 mit der Unterzeile »Debatte über die Zerstörung Dresdens am 13. und 14. Februar 1945 hält an« ein aufschlussreicher Beitrag von Jörg Schurig zum 64. Jahrestag der Bombardierung Dresdens im Zweiten Weltkrieg. Ich richtete an die Redaktion einen Leserbrief, in welchem ich auf Weidauer und dessen Zahlen verwies. Und mit Bezug auf die im Oktober 2008 vorgelegten Zahlen der Dresdner Historikerkommission fragte ich, wie sie – obgleich doch mit den gleichen Unterlagen von 1946 gearbeitet worden war – zu anderen Resultaten gelangen konnten.

Natürlich ist nicht nur mir diese Zahlenfechterei zuwider, schließlich handelt es sich um Menschen. Leid dieser Dimension ist unfassbar, da verschließen Pietät und Trauer den Mund.

Trotzdem sollte man nicht alles unwidersprochen hinnehmen, wenn es sich um gravierende Abweichungen handelte. Zumal wenn der Verdacht besteht, dass es sich um »politische Zahlen« handeln könnte.

Der Leserbrief wurde nicht publiziert.

Die Leitlinie der neueren »Untersuchungen«

Im *Neuen Deutschland* fand sich am 9./10. Mai 2009 auf Seite 5 eine *dpa*-Meldung folgenden Inhalts: »20 Jahre nach dem Mauerfall hat Bundeskanzlerin Angela Merkel (CDU) mit der DDR als Unrechtsstaat abgerechnet und vor einer Verklärung des SED-Staates gewarnt. Von der Linkspartei forderte sie [...] eine Klärung ihres Verhältnisses zur DDR-Vergangenheit. Merkel sagte bei einer Jubiläumsveranstaltung in Berlin, Freundschaften und glückliche Ereignisse zögen sich durch jede Biografie jedes Menschen, der in der DDR gelebt habe. ›Aber das ändert nichts daran, dass die DDR ein Unrechtsstaat war.‹ Das SED-System habe auf ›einem alles durchdringenden Leben in Lüge‹ gefußt, sagte Merkel bei der Tagung. Es habe eine ›Grundstruktur‹ der Verängstigung gegeben.«

So soll es also gewesen sein: Ein alles durchdringendes Leben in Lüge! Schlussfolgernd daraus ist also logisch, dass alles das, was irgendwann auf irgendwelchem Gebiet zu DDR-Zeiten veröffentlicht wurde, ebenso von Lüge durchdrungen war.

Auch die Todeszahlen Walter Weidauers im »Inferno Dresden«? Wird gar nach diesem »vorgegebenen Muster« verfahren bei der *Neuerfassung* der Toten des Februar 1945? Das wäre sehr makaber!

Schriftverkehr I

Mit einem Schreiben wandte ich mich am 14. Februar 2009 mit meinem Anliegen an Thomas Kübler vom Dresdner Stadtarchiv.

»Sehr geehrter Herr Amtsleiter, ich möchte mich mit einem Problem an Sie wenden, das mich als alter Dresdner schon seit Jahren beschäftigt. Es geht um die Opferzahlen des 13./14. Februar 1945. Mir ist dabei unverständlich, dass seit geraumer Zeit und in diesem Jahr in Bezug auf die Ergebnisse der Historikerkommission aus dem Jahre 2008 von ›maximal 25.000 Toten‹ gesprochen wird. Um zu verdeutlichen, worin mein Anliegen an Sie besteht, übermittle ich Ihnen die Kopie eines *ND*-Artikels vom 12.2.2009 und einen diesbezüglichen Leserbrief an das *Neue Deutschland*.

Mein Problem besteht nun vorrangig darin – und deshalb wende ich mich an Ihr Archiv –, wieso der Abschlussbericht der 1945 und 1946 eingesetzten Kommission (siehe Weidauers Buch) offensichtlich keinerlei Beachtung mehr gefunden hat bzw. findet. Die nunmehr fast unerträgliche Opferzahlen-Diskussion muss doch endlich einmal ein Ende finden. Mit den ›maximal 25.000 Opfern‹ kann das aber m. E. nicht gelingen.

Meine Frage an Sie also abschließend, ob sich das Abschlussdokument der damaligen Kommission in Ihrem Archiv befindet, und wenn ja, warum die darin exakt erfassten Ergebnisse der Kommissionsarbeit von 1946 keinerlei Beachtung mehr finden?

Die Aussagen dazu in Walter Weidauers Buch sind doch eindeutig und überzeugend. Warum wird das heute einfach ignoriert? Für eine entsprechende Antwort wäre ich Ihnen sehr dankbar.

Mit freundlichen Grüßen«

Nachdem reichlich zwei Wochen ins Land gegangen waren, ohne eine Nachricht aus Dresden bekommen zu haben, schrieb ich am 30. März an die Dresdner Oberbürgermeisterin eine E-Mail:

»Sehr geehrte Frau Oberbürgermeisterin, mit Schreiben vom 14.2.2009 wandte ich mich an Herrn Amtsleiter Thomas Kübler mit einem Anliegen die Opferzahlen des 13./14. Februar 1945 in meiner Heimatstadt betreffend. Bisher habe ich keinerlei Antwort bzw. Zwischennachricht erhalten.

In der DDR-Diktatur war es üblich, dass man bei solchen oder ähnlichen Schreiben innerhalb von 14 Tagen zumindest eine Nachricht über den Eingang des Schreibens und die Bearbeitung seines Anliegens bekommen hat. Wieso ist dies in der heutigen Demokratie nicht möglich?

Ich bitte Sie deshalb, sich dafür einzusetzen, dass mir ein entsprechender Bescheid übermittelt wird.

Mit freundlichen Grüßen«

Daraufhin erhielt ich Anfang April 2009 (ohne Datum) folgendes Schreiben von Kübler: »Sehr geehrter Herr Lämpe, im November 2004 beauftragte der damalige Oberbürgermeister der Landeshauptstadt Dresden eine Historikerkommission, deren Auftrag es war und ist, sich mit der Ermittlung der Zahl der Opfer der Luftangriffe auf Dresden vom 13. bis 15. Februar 1945 auseinanderzusetzen. Die wissenschaftlichen Untersuchungen der Kommissionsmitglieder sind mittlerweile schon sehr weit fortgeschritten. Im Rahmen des 47. Deutschen Historikertages in Dresden stellte die Historikerkommission am 1. Oktober 2008 ihre bisherigen Ergebnisse vor. Parallel dazu wurde die ›Erklärung der Dresdner Historikerkommission zur Ermittlung der Opferzahlen der Luftangriffe auf die Stadt Dresden am 13./14. Februar 1945‹ herausgegeben, die ich Ihnen hiermit zu Ihrer Information zusende.

Der umfassende Abschlussbericht der Historikerkommission wird voraussichtlich Ende des Jahres 2009, spätestens aber im kommenden Februar anlässlich des 65. Jahrestages der Zerstörung Dresdens, vorliegen. Vorab empfehle ich Ihnen nachfolgend genannte Literatur:

1. Götz Bergander: Dresden im Luftkrieg. Vorgeschichte – Zerstörung – Folgen, Sonderausgabe, Würzburg 1998.

2. Matthias Neutzner (Hrsg.): Angriff Martha Heinrich Acht. Leben im Bombenkrieg, Dresden 1944/45, Dresden 1995.

3. Matthias Neutzner, Wolfgang Hesse, Oliver Reinhard: Das rote Leuchten. Dresden und der Bombenkrieg, Dresden 2005.

4. Frederick Taylor: Dresden, Dienstag, 13. Februar 1945. Militärische Logik oder blanker Terror?, München 2004.

5. Friedrich Reichert: Verbrannt bis zur Unkenntlichkeit. Die Zerstörung Dresdens 1945, Dresden 1994.

Bitte entschuldigen Sie, dass wir Ihnen zum jetzigen Zeitpunkt auf Ihre Fragen noch keine konkreten Antworten geben können. Ich versichere Ihnen, dass sich der Abschlussbericht umfassend mit der Zerstörung Dresdens im Februar 1945 auseinandersetzt.

Ich danke Ihnen sehr für Ihr Interesse an der Aufarbeitung der Dresdner Stadtgeschichte.

Mit freundlichen Grüßen

gez. ADir Kübler, Amtsleiter«

Postwendend reagierte ich am 2. April 2009, da in der Sendung etwas fehlte, obgleich angekündigt. Überdies war auf meine Frage keineswegs eingegangen worden.

»Sehr geehrter Herr Kübler,

vielen Dank für Ihr Schreiben von Ende März 2009. Leider war die von Ihnen genannte ›Erklärung der Dresdner Historikerkommission zur Ermittlung der Opferzahlen der Luftangriffe auf die Stadt Dresden am 13./14. Februar 1945‹ Ihrem Schreiben nicht beigelegt. Diese wollten Sie mir mit zusenden. Ich wäre sehr daran interessiert und bitte Sie, mir diese noch zu übermitteln.

Ich bin 1940 in Dresden geboren und habe die Luftangriffe selbst erlebt. Gott sei Dank in Laubegast und dadurch nicht unmittelbar betroffen, lediglich durch die Bombardierung der Schiffswerft. Deshalb also mein Interesse an der Aufarbeitung der Dresdner Stadtgeschichte. Da Sie mir mitteilten, dass die wissenschaftlichen Untersuchungen zu den Opferzahlen noch weitergeführt werden, wäre ich Ihnen sehr dankbar, wenn Sie mir Namen und Anschrift bzw. E-Mail-Adresse des Vorsitzenden der Kommission übermitteln würden, da ich großes Interesse daran habe, mich persönlich mit ihm in Verbindung zu setzen.

Ich danke Ihnen auch für die Buchempfehlungen. Frederick Taylor befindet sich in meiner Bibliothek. Ich habe es mit großem Interesse ausführlich gelesen und die damaligen Debatten im Zusammenhang mit seiner Buchvorstellung in Dresden aufmerksam verfolgt.

Nun noch zu meinem eigentlichen Anliegen, weshalb ich mich an Sie gewandt habe. Ich möchte Sie deshalb nochmals darum bitten, mir mitzuteilen, ob sich in Ihrem Archiv der Abschlussbericht der Kommission von 1945/46 zur Untersuchung der Opfer des 13./14. Februar 1945 befindet, da ich beabsichtige, bei meinem nächsten Verwandtenbesuch in Dresden ihr Archiv zu besuchen und Einsicht zu nehmen in diesen Kommissionsbericht.

Als Anlage übermittle ich Ihnen noch einen Beitrag aus meinem 2005 im Verlag DIE FÄHRE erschienenen Buch ›Ein Laubegaster Arbeiterjunge erzählt‹, den ich als Leserbrief an das *Neue Deutschland* richtete. Es war meine Reaktion auf einen entsprechenden Artikel Matthias Neutzners anlässlich des 60. Jahrestages der Bombardierung Dresdens.

Im Voraus bereits Dank für die mir noch zu übermittelnde o.g. Erklärung sowie die evtl. mögliche Einsicht in den Expertenbericht von 1946 in Ihrem Archiv verbleibe ich mit freundlichen Grüßen.«

Im »Laubegaster Arbeiterjungen« schrieb ich einleitend: »Der 60. Jahrestag der Bombardierung Dresdens am 13. Februar 1945 wurde von den verschiedenen Parteien, Institutionen, Fernseh- und Rundfunkstationen, politischen Gruppierungen, privaten Personen usw. usf. auf unterschiedliche Weise begangen. Auch in der Tageszeitung *Neues Deutschland* gab es dazu eine Debatte unter dem Thema ›Die Politisierung von Erinnerungen in Deutschland‹. Mit einem längeren Beitrag unter der Überschrift ›Eine Stadt wie Dresden‹ beteiligte sich daran Matthias Neutzner, Jahrgang 1960, der in Dresden Luftfahrt und Informationsverarbeitung studierte. Er ist Vorsitzender der Interessengemeinschaft ›13. Februar 1945‹ e.V.

Ich fühlte mich hinsichtlich einer seiner Aussagen in o.g. Beitrag zu dem folgenden Leserbrief veranlasst:

Als alter Dresdner, geboren 1940, möchte ich mich zu einer Aussage in Matthias Neutzners Debatten-Beitrag ›Eine Stadt wie Dresden‹ äußern. Vorerst aber einige notwendige Bemerkungen, um mit dem Folgenden nicht in den Verdacht zu geraten, auch nur in die Nähe der rechtsextremistischen Truppen um die sächsischen und anderer Neonazis gerückt zu werden. Deren Losungen ›historische Vergleiche‹ bzw. anderweitige Äußerungen und Aktivitäten sind für mich ebenso widerlich wie für die Mehrheit der Menschen in unserem Lande.

Nun zu meinem eigentlichen Anliegen.

Möglicherweise bin ich auch – wie viele Dresdner, die es selbst erlebt haben – dem Mythos um den Untergang meiner Heimatstadt am 13. Februar 1945 etwas verfallen. […] Ich wohnte zwar glücklicherweise – wenn man das überhaupt bezüglich dieser furchtbaren Ereignisse so sagen kann – am Rande der Stadt. Und so flogen bei uns die Scheiben im Luftschutzkeller der Gaststätte ›Stadt Amsterdam‹ nur durch die Druckwelle, die durch die Bombardierung der Schiffswerft Laubegast entstanden war, ein. Schrecklich genug war das pfeifende

Geräusch der heranfliegenden Bomben, der ohrenbetäubende Knall, als sie einschlugen und der durch das geborstene Fenster eindringende Staub und Dreck, der den Raum plötzlich verdunkelte.

Aber nun zu M. Neutzner. Er schreibt (zwar in einem anderen Kontext, aber trotzdem), dass der alliierte Luftkrieg, obwohl Flächenbombardements von ihm als moralisch nicht akzeptabel dargestellt, doch ›Teil eines notwendigen Krieges war‹. Folglich war also auch die Zerstörung Dresdens Teil eines notwendigen Krieges?

Damit kann und will ich mich, selbst aus der Sicht des Jahres 2005, nicht anfreunden oder gar abfinden. Für mich stellt sich an dieser Stelle zwingend die Frage: Sinnlos oder – dem Kriegsverlauf entsprechend – doch sinnvoll? Und das kurz vor dem – im Februar 1945 gerade auch für die Alliierten bereits vorhersehbaren – totalen Untergang des Dritten Reichs?

Sei es wie es sei: Für mich als Dresdner bleibt es trotz alledem eine sinnlose Zerstörung!«

Da ich keine Antwort auf dieses Schreiben erhielt, wandte ich mich erneut an das Dresdner Stadtoberhaupt.

»Sehr geehrte Frau Oberbürgermeisterin, ich möchte mich nochmals an Sie wenden bezüglich eines weiteren Schreibens an Ihr Stadtarchiv (E-Mail vom 2.4.09), auf das ich wiederum bis heute keine Antwort bekommen habe.

Mir ist dies etwas unverständlich und ich bitte Sie nochmals, darauf Einfluss zu nehmen, dass mein Schreiben beantwortet wird. Ich bin als Dresdner außerordentlich daran interessiert zu erfahren, wieso heute versucht wird, dokumentarisch einwandfrei nachgewiesene Tatsachen der Opferzahlen vom 13. Februar 1945 neu zu interpretieren. Sollte der Abschlussbericht von 1946, der unmittelbar nach der Zerstörung Dresdens von einer Expertenkommission angefertigt wurde, nicht mehr vorhanden sein, so bitte ich um Auskunft, wer diesen wann vernichtet hat. Dazu muss es ja ein Vernichtungsprotokoll geben.

Als Anlage sende ich Ihnen zur Kenntnisnahme meine Mail vom 2.4.09 an das Stadtarchiv.

Besten Dank im Voraus für Ihre Bemühungen.

Mit freundlichen Grüßen«

Nunmehr bekam ich Post vom Beigeordneten für Kultur der Oberbürgermeisterin der Landeshauptstadt Dresden, Bürgermeister Dr. Ralf Lunau.

»Sehr geehrter Herr Lämpe, beiliegend sende ich Ihnen die ›Erklärung der Dresdner Historikerkommission zur Ermittlung der Opferzahlen der Luftangriffe auf die Stadt Dresden am 13./14. Februar 1945‹. Bitte entschuldigen Sie, dass diese Ihnen versehentlich nicht mit dem Schreiben an Sie von Ende März 2009 zugesendet wurde.

Der Vorsitzende der Dresdner Historikerkommission ist Professor Rolf-Dieter Müller. Sie erreichen ihn im Militärgeschichtlichen Forschungsamt der Bundeswehr in Potsdam unter der Rufnummer: (0331) 971 xxxx oder per E-Mail: RolfDieterMueller@xxxxxxxx.org. Er steht Ihnen für Rückfragen zur Arbeit der Dresdner Historikerkommission jederzeit gern zur Verfügung.

Der Bericht der Kommission von 1945/46 sollte auch in die Untersuchungen der heutigen Dresdner Historikerkommission Eingang finden. Doch trotz der umfangreichen Recherchen mehrerer Kommissionsmitglieder – u. a. im Stadtarchiv Dresden – sind die entsprechenden Unterlagen nicht auffindbar. Der Bericht kann Ihnen daher bei Ihrem nächsten Dresden-Besuch leider nicht zur Einsicht im Stadtarchiv vorgelegt werden.

Bezug nehmend auf die umfangreichen Bemühungen der Dresdner Historikerkommission ist es jedoch unwahrscheinlich, dass ein Bericht der Kommission von 1945/46 als Dokument tatsächlich existiert. Diese Annahme wird auch von der Tatsache bestätigt, dass der ehemalige Dresdner Oberbürgermeister Walter Weidauer zwar in seiner Publikation (vgl. Weidauer, Walter: Inferno Dresden. Über Lügen und Legenden um die Aktion ›Donnerschlag‹; 8., gekürzte Auflage, Berlin 1990, S. 108 ff.) auf Untersuchungen in den Jahren 1945/46 hinweist, er einen Bericht aber nicht verwendet, da auch er offenbar keinen Nachweis für die tatsächliche Existenz eines solchen Dokumentes erbringen konnte.

Den Nachlass von Walter Weidauer können Sie im Sächsischen Hauptstaatsarchiv Dresden während der Öffnungszeiten des Hauses einsehen.

Ich danke Ihnen sehr für Ihr Interesse an der Aufarbeitung der Dresdner Stadtgeschichte.

Mit freundlichen Grüßen

gez. Dr. Ralf Lunau, Bürgermeister«

Erfreut war ich insbesondere darüber, dass ich nun die »Erklärung« in Händen hielt und mir die Kontaktadresse zum Vorsitzenden der Dresdner Historikerkommission mitgeteilt worden ist. Beim Lesen der Erklärung kam mir der Gedanke, dass das alles im Grunde genommen gewiss ein recht löbliches Unternehmen ist, gleichzeitig ergab sich für mich aber die Frage, warum man erst nach fast 60 Jahren dieser furchtbaren Ereignisse darauf kommt, die Opferzahlen neu zu dokumentieren und dabei (offensichtlich) a priori davon ausging, dass es nicht mehr als 25.000 Tote gewesen sein können.

Die Erklärung der Historikerkommission

Einige aufschlussreiche Passagen aus der »Erklärung der Dresdner Historikerkommission zur Ermittlung der Opferzahlen der Luftangriffe auf die Stadt Dresden am 13./14. Februar 1945« vom 1. Oktober 2008:

»Im Zentrum der Auseinandersetzung um die Dresdner Luftkriegsereignisse steht die extrem gegensätzliche Darstellung der Zahl der Opfer der Luftangriffe auf Dresden zwischen dem 13. und 15. Februar 1945. Bis heute schwanken die Angaben zwischen 20.000 und bis zu 500.000 Toten, selbst Opferzahlen von einer Million Menschen sind in der Literatur zu finden.

Dresden ist damit ein herausragender Fall einer deutschen Stadt, die sich des Ausmaßes der größten Katastrophe in ihrer Geschichte nicht annähernd sicher sein kann.

Allein dies stellt bereits eine Herausforderung für die Geschichtswissenschaft dar. Darüber hinaus aber ist die jahrzehntelange Kontroverse um die Dresdner Opferzahlen Ausdruck einer zutiefst umstrittenen Symbolbildung: Bis heute steht Dresden alljährlich im Mittelpunkt intensiver geschichtspolitischer Auseinandersetzungen, die weit über den regionalen Rahmen hinausreichen. Deshalb beauftragte der Oberbürgermeister der Landeshauptstadt Dresden im Jahr 2004 eine unabhängige Historikerkommission damit, die umstrittene Frage der Opferzahl umfassend zu untersuchen und offene Fragen zu klären. [...]

Mit seinem Beschluss vom 18. Januar 2007 hat der Stadtrat das wissenschaftlich anspruchsvolle und zeitaufwändige Projekt mit Finanzmitteln unterstützt und die Berufung der meist nebenamtlich wirkenden Expertinnen und Experten bestätigt. […]

Im Ergebnis der Untersuchungen der Kommission sind bislang 18.000 Dresdner Luftkriegstote nachgewiesen worden, die den Luftangriffen zwischen dem 13. und 15. Februar 1945 zuzuordnen sind. Die Kommission geht von maximal 25.000 Menschen aus, die während der Februar-Luftangriffe in Dresden ums Leben gekommen sind. […]

Die Kommission hat in ihren Untersuchungen keine Beweise oder belastbaren Indizien dafür gefunden, dass die Zahl der bei den Luftangriffen auf Dresden im Februar 1945 getöteten Menschen – auch unter Einbeziehung nichtidentifizierter oder unbekannter Opfer – wesentlich über- oder unterhalb des angegebenen Bereichs liegen könnte. […]

Der Stand der Arbeit ermöglicht aber schon jetzt eine Annäherung an die Größenordnung der Gesamtopferzahl. […]

Diese Datenbasis basiert im Wesentlichen auf der elektronischen Erfassung und Auswertung Zehntausender Informationen aus umfangreichen Unterlagen von bislang etwa 25 Friedhöfen, aus fragmentarisch überlieferten Nachweisen aus dem Bestand des städtischen Vermisstennachweises sowie aus den Unterlagen verschiedener Archive, Standesämter und Amtsgerichte in und außerhalb Dresdens. Vergleichend und ergänzend wurden Datensammlungen der städtischen Friedhofsverwaltung und des Volksbundes Kriegsgräberfürsorge ausgewertet. […]

Zusammenfassende Statistiken der Luftkriegstoten aus der Zeit zwischen Februar und Juli 1945 erweisen sich als in der Größenordnung korrekt, wenngleich – bedingt durch erhebliche Kommunikationsprobleme der Verwaltungen untereinander und die Überlagerung mit weiteren Kriegsereignissen – als im Detail nicht exakt. Stadtverwaltung und Polizei in Dresden gingen ab März 1945 von ca. 25.000 Opfern der Februar-Luftangriffe aus. Diese Größenordnung wurde auch in weiteren lokalen Statistiken in der Nachkriegszeit aufrechterhalten.

Nach späteren erneuten Untersuchungen schätzte die Stadtverwaltung die Dresdner Luftkriegstoten auf etwa 35.000 – was der heutigen Überprüfung nicht standhält – und legte sich ab 1965 auf diese Zahlenangabe fest.«

Soweit aus der Erklärung der Dresdner Historikerkommission vom 1. Oktober 2008, herausgegeben von der Oberbürgermeisterin der Landeshauptstadt Dresden als Teil der Öffentlichkeitsarbeit der Landeshauptstadt.

Rückblende. Veranstaltung im Hygiene-Museum

Am 26. April 2006 fand im Deutschen Hygiene-Museum Dresden unter der Überschrift »Quellen zum 13. Februar 1945. Arbeitsmethoden der Historiker« ein Öffentlicher Workshop statt. Veranstalter war die Landeshauptstadt Dresden in Zusammenarbeit mit dem Hanna-Arendt-Institut für Totalitarismusforschung e.V. der TU Dresden, dem Institut für Geschichte der Technischen Universität Dresden und mit freundlicher Unterstützung des Deutschen Hygienemuseums Dresden statt.

Im Internet (*http://hsozkult.hu-berlin.de/tagungsberichte/id=1254&view=print*) findet man dazu einen sehr aufschlussreichen Bericht von Constanze Münzner. Dort heißt es: »Ein Gremium von Historikern mit der ein wenig sperrigen Bezeichnung ›Kommission zur Ermittlung der Zahl der Todesopfer während der Luftangriffe auf Dresden vom 13. bis 15. Februar 1945‹ war Ende 2004 vom Dresdner Oberbürgermeister Ingolf Roßberg berufen worden und stellte jetzt der Öffentlichkeit zunächst die Methoden der Forschung vor.« Dann an anderer Stelle: »Dabei haben Zahlen immer die wichtigste Rolle gespielt.« Es folgt der Hinweis, dass sich in der Nachkriegszeit die kommunale Verwaltung um Tatsachenfeststellungen bemühte. Dann die für die berufene Historikerkommission offensichtlich (wie ja bereits vermutete) wesentlichste und grundlegende Aussage: »In den Unterlagen sind etwa 25.000 Todesopfer nachweisbar.« Na bitte! Die Vorgabe ist also bereits am Anfang aller neuen Forschung gegeben!

Unmittelbar danach folgt der erhellende Satz im Bericht Münzners: »Weil aber für die Propagandisten der SED eine antiimperialistische Stoßrichtung der Fakten wichtiger war als die Transparenz der Aktenlage, verzichtete sie bewusst darauf, den Weg der Quellenrecherchen offen zu legen.«

Dass dies Demagogie und Lüge ist, beweist Walter Weidauer in seinem Buch. Darin sind alle Quellen – wie aus den eingangs zitierten Auszügen ersichtlich – eindeutig ausgewiesen. Dass dieses Quellenmaterial heute in großen Teilen nicht mehr auffindbar ist, wird nun auch noch der SED angelastet.

Constanze Münzner bezieht sich im Weiteren auf die »wichtigste Aufgabe der Kommission« und schreibt, dass »wissenschaftliche Rationalität allein sicherlich nicht den letzten unbelehrbaren Zweifler zu überzeugen vermag«.

Wie wahr, wie wahr!

Im weiteren Verlauf der Veranstaltung, so Münzner weiter, »umriss der Wissenschaftliche Leiter der Arbeitsgruppe, Rolf-Dieter Müller (Potsdam/Berlin), die Kommissionsarbeit, die wesentlich darin besteht, moderne Forschungspotentiale für die Fragestellung zu erschließen. Es werde in jeder Hinsicht ergebnisoffen gearbeitet.«

Ergebnisoffen, obwohl die 25.000 Toten bereits feststehen?

Im weiteren Verlauf der Veranstaltung ergriff der im Stadtmuseum Dresden tätige Friedrich Reichert das Wort. Er beschäftigte sich laut Bericht »mit den schriftlichen Quellen und ihren Aussagen zum bisherigen

Kenntnisstand«. Wie zur Unterstreichung der in die Irre führenden Aussage Müllers, dass »ergebnisoffen« gearbeitet werde, erklärte Reichert: »Vielmehr bestätigen sich alle bisherigen Angaben über die dokumentierten 25.000 Todesopfer.«

Alle weiteren Fragen erübrigten sich damit wohl.

Die Nennung der Zahl 25.000 in der Erklärung der Historikerkommission vom 1. Oktober 2008 war dann nur noch eine logische Konsequenz.

Eine interessante Feststellung traf Friedrich Reichert auf der Veranstaltung am 26. April 2006 dennoch. Er verwies auf Nachforschungen, die inzwischen ergeben hatten, dass »neben den Gräbern auf dem Heidefriedhof und dem Johannisfriedhof weitere 2.416 Luftkriegstote auf anderen Dresdner Friedhöfen bestattet wurden«.

Könnte es sich hier um die auch von Walter Weidauer im »Inferno Dresden« benannten rund 3.000 Opfer handeln, die nach dem Angriff noch aus den Trümmern geborgen worden sind?

Damit wäre auch noch die letzte Quelle Weidauers erschlossen und bestätigt!

Nach diesem Exkurs aber nun zurück zum mit Dresden geführten Schriftverkehr.

Schriftverkehr II

Am 4. Mai 2009 bedankte ich mich bei Bürgermeister Dr. Ralf Lunau für sein Schreiben und die Übermittlung der Erklärung. Gleichzeitig stellte ich aber erneut eine Reihe von Fragen.

»Sehr geehrter Herr Dr. Lunau, [...] ohne Sie damit im Einzelnen zu behelligen noch einige wenige Bemerkungen, die Sie ja gewiss an Herrn Kübler als Mitglied der Kommission weiterleiten werden.

Als Erstes ist mir nach wie vor nicht erklärlich, warum überhaupt erneut eine Kommission zur Ermittlung der Opferzahlen eingesetzt wurde. Ich möchte nochmals auf das Buch von W. Weidauer ›Inferno Dresden‹ und die darin erfassten Opferzahlen einschließlich wichtiger Zeitzeugenerkenntnisse verweisen. Das sind m. E. eindeutige Zahlen und somit gesicherte Erkenntnisse. In der ›Erklärung‹ heißt es: ›Nach späteren erneuten Untersuchungen schätzte die Stadtverwaltung die Dresdner Luftkriegstoten auf etwa 35.000 – was der heutigen Überprüfung nicht standhält.‹

Wieso wird hier von Schätzung gesprochen, und wieso ist man der Überzeugung, dass die Zahl von 35.000 Opfern der heutigen Überprüfung nicht standhielten? Die damals vorliegenden Zahlen (s. W. Weidauer) waren nicht nur Schätzungen, sondern tatsächlich erfasste Zahlen. Dass es 1946 keinen schriftlichen Abschlussbericht der damaligen Kommission gegeben haben soll, halte ich außerdem für äußerst unwahrscheinlich.

In der ›Erklärung‹ heißt es an anderer Stelle, dass der Kommission umfangreiche Unterlagen von bislang etwa 25 Friedhöfen vorliegen. Bei W. Weidauer heißt es, dass allein nach schriftlich vorliegenden Aussagen des Friedhofsgärtners Zeppenfeld auf dem Heidefriedhof 28.746 Tote der Luftangriffe beigesetzt worden sind. Der Johannisfriedhof in Tolkewitz beerdigte nach Bestätigung durch den Verwaltungsdirektor Herrmann insgesamt 3.666 Opfer.

Wieso wird das alles heute angezweifelt? Wieso sind diesbezügliche Unterlagen bzw. Angaben nicht mehr auffindbar? Welche schlüssigen Beweise liegen vor, dass diese Zahlenangaben falsch sind?

Eine vorerst abschließende Frage: Inwieweit wurde von der Kommission bisher der Nachlass W. Weidauers genutzt? So z. B. die von ihm erfassten Ergebnisse von fünf damals leitenden Mitarbeitern der Stadtverwaltung Dresden, die an der Ermittlung der Zahl der Opfer beteiligt waren und deren schriftlichen Aussagen im Besitz W. Weidauers waren (vgl. Walter Weidauer ›Inferno Dresden‹, 4., durchgesehene und ergänzte Auflage, Dietz Verlag Berlin 1965, S. 115).

Ich hoffe, dass ich all das und weitere Dinge mit Prof. Rolf-Dieter Müller, mit dem ich mich in den nächsten Tagen in Verbindung setzen werde, besprechen kann.

Nochmals recht herzlichen Dank für Ihr Schreiben vom 27.4.2009.

Mit freundlichen Grüßen«

Am 7. Mai 2009 wandte ich mich an den Vorsitzenden der Dresdner Historikerkommission im Militärhistorischen Forschungsamt der Bundeswehr in Potsdam.

»Sehr geehrter Professor Müller, […] ich bin sehr an einem persönlichen Gespräch mit Ihnen interessiert, zumal mir jetzt auch die ›Erklärung der Dresdner Historikerkommission‹ vom 1. Oktober 2008 zugeschickt wurde.

Vorerst möchte ich mich aber auf diesem schriftlichen Wege mit Ihnen in Verbindung setzen, da ich ein Gespräch mit Ihnen gern auf der Grundlage des als Anlage beigefügten Auszugs aus W. Weidauers Buch ›Inferno Dresden‹ führen möchte. Obwohl Ihnen dieses Buch eingehend bekannt sein wird, trotzdem nochmals diese Auszüge und meine Fragen in diesem Zusammenhang.

Selbst wenn von allen darin aufgeführten Dokumenten bzw. Materialien nichts mehr vorhanden sein sollte (was ich für sehr unwahrscheinlich halte), ist mir völlig unerklärlich, warum heute an der Richtigkeit all dieser Angaben gezweifelt wird, diese als unwahr – um nicht zu sagen wiederum als neuerliche Lüge – bezeichnet werden.

In Ihrer Erklärung heißt es ja, dass die etwa 35.000 Toten der ›heutigen Überprüfung nicht standhalten‹. Ich frage mich: Wieso? Warum wird dies angezweifelt bzw. als falsch dargestellt, wieso ist das – um es auf den Punkt zu bringen – eine Lüge?

Ich wäre Ihnen, Herr Professor, also dankbar, wenn ich diese Frage mit Ihnen erörtern könnte. Meine Bitte ist deshalb, mir über den Internetweg einige Terminvorschläge zu unterbreiten. Ich würde dann gern zu Ihnen nach Potsdam kommen.«

Daraufhin erhielt ich am 8. Mai 2009 folgende E-Mail: »Sehr geehrter Herr Lämpe, haben Sie herzlichen

Dank für Ihr Interesse an unserer Arbeit, von der Sie naturgemäß bisher nur sehr wenig erfahren haben. Nach Übergabe des Abschlussberichts am 7. September 2009 an die Frau Oberbürgermeisterin werden Sie sich besser darüber informieren können. Am Jahresende wird dann voraussichtlich der Bericht in erweiterter Form auch als Buch zu erhalten sein. Selbstverständlich spielt darin das Weidauer-Buch auch eine Rolle.

Die Unterlagen W. sind im Stadtarchiv Dresden einsehbar. In dem von Ihnen kopierten Auszug aus dem Buch heißt es richtig, dass Weidauer ›schriftlich vorliegende Aussagen‹ zusammengefasst und weitere Schätzungen (!) vorgenommen hat. Die von uns vorgenommene Überprüfung, z. B. der konkreten Angaben in den Friedhofsbüchern, ergibt allerdings ein anderes Bild. Unser aufwändiges Nachprüfen der städtischen Unterlagen, Identifizieren von Namen, auch von jenen Bestattungen, die außerhalb Dresdens – bis nach Bayern hinein – von Luftkriegsopfern vorgenommen worden sind, führt uns zu dem Ergebnis, dass Weidauers Vermutungen unzutreffend sind. Das korrespondiert auch mit zahlreichen anderen Untersuchungen, die wir zur Lösung des Problems unternommen haben und die vor dem Abschluss stehen. Weidauer selbst hat übrigens nach der Publikation seines Buches ein Exemplar jenes Abschlussberichts des zuständigen Polizeiführers in Händen gehalten, bei dem als Luftschutzbeauftragten alle Fäden zusammenliefen und in dem sechs Wochen nach den Angriffen die Gesamtzahl der Opfer auf rund 25.000 angegeben worden sind. Auch diese Zahl ist allem Anschein nach zu hoch gegriffen.

Wir haben in unserer Erklärung anlässlich des Historikertages wohlbedacht davon gesprochen, dass Weidauers Zahl der ›Überprüfung nicht standhalten‹ kann. Wir haben seine Zahl nicht bloß ›angezweifelt‹ oder gar als ›Lüge‹ bezeichnet, sondern stellen seinen Mutmaßungen unsere mit wissenschaftlichen Methoden gewonnenen Erkenntnisse gegenüber.

Ich bitte um Verständnis dafür, dass ich Sie auf die Publikation unseres Abschlussberichtes vertrösten muss, dessen Lektüre hoffentlich alle Ihre Fragen beantworten wird.

Mit freundlichen Grüßen

gez. R.-D. Müller«

Am Rande sei bemerkt: Es ist traurig, dass dem Vorsitzenden der Historikerkommission nicht einmal bekannt ist, *wo* sich der Nachlass von Walter Weidauer befindet. Er liegt eben nicht im Stadtarchiv Dresden, wie mir im Schreiben vom Bürgermeister Dr. Lunau mitgeteilt wurde.

Auf ein Gesprächsangebot in meinem Schreiben vom 7. Mai reagierte Prof. Müller nicht. So sandte ich ihm am 9. Mai 2009 eine E-Mail.

»Sehr geehrter Herr Prof. Dr. Müller, Dank für Ihre Mail vom 8.5.2009. Ich sehe Ihrem Abschlussbericht mit Interesse entgegen und tröste mich bis dahin – entsprechend Ihrer Empfehlung – mit Ihrer Antwort.

Alle Angaben Walter Weidauers allerdings mit Mutmaßungen abzustempeln, halte ich trotz Ihrer neuesten Erkenntnisse für geradezu abenteuerlich bzw. grotesk, um es nicht noch drastischer zu formulieren. Allerdings ist damit auch meine wichtigste Frage erst einmal beantwortet: Es ging – wie ich bereits vermutete – von Anfang an darum, Walter Weidauers Angaben und der in seinem Buch genannten Personen zu widerlegen. Die Absicht und der Auftrag sind damit klar erkennbar. Darüber wird gewiss noch an verschiedenen Stellen zu diskutieren sein.

Weitere sich für mich noch ergebende Fragen werde ich zu gegebener Zeit stellen. Bis dahin nochmals besten Dank für Ihre Antwort.«

Die Reaktion kam elektronisch drei Tage später:

»Sehr geehrter Herr Lämpe, da Sie mir Unredlichkeit und Voreingenommenheit unterstellen, ohne sich sachlich auf meine Argumente einzulassen, betrachte ich den Kontakt zu Ihnen als beendet.

Mit freundlichen Grüßen

gez. R.-D. Müller«

Die Widerlegung der »Mutmaßungen« Weidauers

Am 15. Mai wandte ich mich erneut an Dr. Ralf Lunau, Bürgermeister der Landeshauptstadt Dresden.

»Anknüpfend an mein Schreiben vom 4.5.2009 wende ich mich erneut mit einer Bitte an Sie, nachdem ich einen kurzen Schriftwechsel mit Prof. Rolf-Dieter Müller geführt habe, den er aber seinerseits per E-Mail vom 12. Mai als beendet erklärt hat.

Ich hatte ihn anfangs auch um ein persönliches Gespräch gebeten, zu dem er mich aber nicht eingeladen hatte. Weitere Kontakte zu mir lehnt er ab. Offensichtlich deshalb, da ich einige eventuell unangenehme Feststellungen hinsichtlich des Auftrages der Dresdner Historikerkommission zu Opferzahlen des 13./14. Februar 1945 getroffen hatte.

Da ich aber in diesem Zusammenhang noch eine Reihe von Fragen habe, wende ich mich erneut an Sie. Sie sind dafür gewiss auch der richtigere Adressat. Hier also zusammengefasst meine Fragen: Was war der Anlass, die Richtigkeit der Ende 1946 festgestellten etwa 35.000 Toten des 13./14. Februar in Zweifel zu ziehen?

Mit welcher Begründung werden diese Angaben bezweifelt?

Wer hat die Inangriffnahme neuer Recherchen zu den Todeszahlen wann veranlasst und warum?

Wem und welchem Zweck dienen nach fast 65 Jahren die jetzt angenommenen 25.000 Toten?

Wer hat etwas von dieser neuerlichen Zahl? Welchen Nutzen soll das für wen haben? Worin liegt der Sinn des gesamten Aufwandes, der für die neuerliche ›Wahrheitsfindung‹ aufgebracht wird?

Geht es letztlich doch nur um das Widerlegen der Angaben Walter Weidauers, die von Prof. Müller lediglich als Mutmaßungen bezeichnet werden? (O-Ton: ›Wir haben seine Zahl nicht bloß angezweifelt oder gar als Lüge bezeichnet, sondern stellen seinen Mutmaßungen unsere mit wissenschaftlichen Methoden gewonnenen Erkenntnisse gegenüber.‹ – E-Mail von Prof. Müller an mich vom 8.05.09)

Mein Standpunkt ist: Den 1946 erfassten etwa 35.000 Toten wird mit alledem nachträglich gewiss keine Ehre erwiesen. Man sollte sie endlich in Frieden ruhen lassen! Dem Treiben der Neonazis sollte man allerdings immer und überall entschlossen entgegentreten. Ob der neuerliche ›Streit‹ um 35.000 oder ›nur‹ 25.000 Toten des Bombardements dem dienlich ist, möchte ich doch sehr bezweifeln!

Ich wäre Ihnen, sehr geehrter Herr Dr. Lunau, also sehr dankbar, wenn Sie mir meine abschließenden Fragen beantworten würden.«

Dieses Schreiben an Dr. Lunau wurde von ihm nun »zuständigkeitshalber« an den Amtsdirektor Kübler vom Stadtarchiv weitergeleitet. Der Amtsleiter antwortete mir am 18. Mai wie folgt:

»Sehr geehrter Herr Lämpe, Ihr an den Bürgermeister für Kultur, Herrn Dr. Lunau, gesandtes Schreiben zur Arbeit der Dresdner Historikerkommission wurde zur Bearbeitung zuständigkeitshalber an das Stadtarchiv Dresden übergeben, das dem Geschäftsbereich Kultur als Fachbereich zugeordnet ist.

Die Beantwortung Ihres Schreibens wird sich bis Juni 2009 verzögern, da wir dieses an Herrn Matthias Neutzner, Mitglied der Dresdner Historikerkommission, zur Beantwortung weitergeleitet haben, der sich in seinen Untersuchungen speziell mit Ihren Fragestellungen auseinandersetzt.

Ich danke Ihnen sehr für Ihr Verständnis.

Mit freundlichen Grüßen

gez. ADir Kübler, Amtsleiter«

Nun lag die weitere Beantwortung meiner Fragen bei Dipl.-Ing. Herrn Neutzner, Mitglied der Historikerkommission, Historiker/Publizist, IG »13. Februar 1945« e.V. Dresden, mindestens bis zum nächsten Monat auf Eis.

Ergänzend zu meinem Schreiben vom 15. Mai schickte ich ein weiteres am 25. Mai 2009 an Amtsleiter Thomas Kübler mit der Bitte um Weiterleitung an Matthias Neutzner: »Zum Ersten möchte ich meine zweite Frage aus o. g. Schreiben etwas präzisieren. Aus der Erklärung der Kommission geht bereits hervor, dass der damalige Oberbürgermeister im Jahre 2004 eine unabhängige Kommission damit beauftragt hatte, die Frage der Opferzahl des 13./14. Februar 1945 neu zu untersuchen. Gewöhnlich ist es aber doch so, dass solche Initiativen nicht von oben ausgehen, sondern von anderen Interessengruppen (Beratern oder ähnlichen Kreisen) den jeweiligen Dienstherren unterbreitet werden. Dahingehend soll also meine zweite Frage zu verstehen sein.

Ich wäre Ihnen dankbar, wenn es Ihnen möglich wäre, in Erfahrung zu bringen, von wem die Festlegung des OB aus dem Jahre 2004 ausgegangen ist, wer sozusagen die Stichwortgeber waren.

Ein weiteres Problem ergibt sich für mich aus dem Studium der Erklärung. Es wird davon gesprochen, dass in Dresden bereits eine jahrzehntelange Kontroverse um die Dresdner Opferzahlen besteht. Nun ist mir persönlich davon aus der Zeit vor 1989/90 aber nichts bekannt.

Deshalb meine diesbezügliche Frage, wer seit wann miteinander (oder gegeneinander) einen solchen Streit führt und durch wen dieser Streit bzw. diese Kontroverse ausgelöst wurde?

Auch für die Beantwortung dieser Frage wäre ich Ihnen sehr dankbar.

Und noch eine (vorerst) letzte Frage, die sich aus der Erklärung für mich ergibt: Warum erfolgte erst nach etwa drei Jahren der Beauftragung einer Kommission durch den OB, deren Berufung und die Bewilligung der (gewiss recht umfangreichen) finanziellen Mittel für die Arbeitsaufnahme der Kommission?

In der Erklärung wird als Termin dafür der Beschluss des Stadtrates vom 18. Januar 2007 (!) genannt.

War man sich anfangs seiner Sache eventuell nicht ganz so sicher und bei der Bewertung von Sinn und Zweck dieser aufwändigen Untersuchung gar uneinig?

Dass sich die Beantwortung meiner Frage bis Juni d. J. verzögert, ist kein Problem für mich. Ich bin bereits heute schon dankbar dafür, dass Sie die Dinge eingeleitet haben und sich Herr Neutzner um die entsprechenden Antworten bemühen wird.

Mit freundlichen Grüßen«

Der Juni verging.

Antworten auf die beiden letzten Schreiben blieben im Juni aus.

Am 2. Juli erreichte mich ein erneutes Schreiben von Amtsdirektor Thomas Kübler, Leiter des Stadtarchivs Dresden: »Sehr geehrter Herr Lämpe, ich muss Ihnen leider mitteilen, dass Herr Neutzner die Beantwortung Ihres Schreibens noch nicht ermöglichen konnte.

Herr Neutzner ist nicht bei der Stadtverwaltung Dresden angestellt, und wir können ihm deshalb auch keine Termine vorgeben. Selbstverständlich wurde er von uns über Ihr zusätzliches Schreiben in Kenntnis gesetzt. Herr Neutzner wird Ihnen auf jedem Fall eine Antwort zukommen lassen. Diese verzögert sich jedoch – urlaubsbedingt – noch eine gewisse Zeit. Ich bitte Sie hierfür herzlich um Verständnis.

Im Zusammenhang mit Ihren Fragen verweise ich auch auf das Erscheinen des zusammenfassenden Abschlussberichtes der Dresdner Historikerkommission, der Ende 2009 fertig gestellt sein wird. Bitte teilen Sie uns Ihre Telefonnummer mit, damit wir Sie rechtzeitig informieren können.«

Ich dankte und wartete auf Neutzners Schreiben.

Da es ausblieb, schrieb ich ihm am 27. Juli 2009:

»Sehr geehrter Herr Neutzner, am 15. Mai d. J. wandte ich mich mit einem Schreiben an Dr. Ralf Lunau, Bürgermeister für Kultur, mit einer Reihe von Fragen betreffs der neueren Untersuchungen zu Opferzahlen der Luftangriffe auf Dresden im Februar 1945.

Daraufhin erhielt ich von Amtsdirektor Thomas Kübler eine Mitteilung (datiert vom 18. Mai) mit der Information, dass mein o.g. Schreiben zuständigkeitshalber an sein Stadtarchiv übergeben wurde. Darin teilte mir Herr Kübler mit, dass dieses wiederum an Sie, Herr

Neutzner, weitergeleitet worden ist, da Sie sich speziell mit dem Gegenstand meiner Fragestellungen auseinandersetzen. Außerdem verwies er darauf, dass sich die Beantwortung meines Schreibens vom 15. Mai bis Juni 2009 verzögern wird.

Da ich noch einige ergänzende Fragen zu diesem Schreiben hatte, schickte ich am 25. Mai ein Weiteres an Amtsleiter Kübler mit der Bitte um Weiterleitung an Sie.

Da der Juni vergangen war und Sie mir auf beide Schreiben noch nicht antworten konnten, schrieb mir Herr Kübler, dass sich die Beantwortung durch Sie – urlaubsbedingt – noch eine gewisse Zeit verzögern werde.

Da nunmehr ein weiterer Monat vergangen ist, möchte ich Sie herzlichst darum bitten, mir doch baldmöglichst eine Antwort auf meine Fragen aus den Schreiben vom 15. Mai und 25. Mai zukommen zu lassen.

Ich wäre Ihnen sehr dankbar dafür.

Sollte sich dieses Schreiben mit dem Ihren kreuzen, dann schon einmal vorerst besten Dank!

Mit freundlichen Grüßen«

Ende des Schriftverkehrs. Abschließende Antwort

Erstaunlicherweise erhielt ich Anfang September ein erneutes Schreiben von Bürgermeister Lunau. Auf den ersten Blick nicht erklärbar. Bei genauerer Betrachtung aber erfuhr ich Aufklärung in der Anlage: die Antwort von Matthias Neutzner auf meine beiden letzten Schreiben. Ein wenig unklar das Ganze, denn ich hatte mich ja in der Zwischenzeit direkt an Neutzner gewandt.

Warum also ging sein Antwortschreiben über Lunau?

Das Schreiben Lunaus vom 1. September 2009 lautete so: »Sehr geehrter Herr Lämpe, wie Ihnen das Stadtarchiv Dresden, das für die Arbeit der Dresdner Historikerkommission mitverantwortlich zeichnet, am 30.6.2009 mitteilte, ließ sich die Bearbeitung Ihrer Anfragen wegen des hohen Interesses an der Arbeit der Kommission und der sich daraus ergebenden ungehindert hohen Zahl von Zuschriften, nicht eher realisieren. Wegen der Spezifik Ihrer Fragen wurde Herr Matthias Neutzner – Kommissionsmitglied und Leiter des Teilprojektes ›Statistisch-geografische Analyse‹ – um Unterstützung gebeten. Aus persönlichen Gründen verzögerte sich jedoch seine Beantwortung. Ich bitte Sie um Ihr Verständnis.

Beiliegend erhalten Sie heute das gewünschte Antwortschreiben von Herrn Neutzner.

Ich hoffe, dass Sie sich nun ausreichend informiert sehen. Andernfalls möchte ich Sie schon jetzt auf den voraussichtlich Ende 2009 erscheinenden Abschlussbericht der Kommission hinweisen, in dem die multiperspektivischen Untersuchungsansätze und die entsprechenden Ergebnisse und Schlussfolgerungen detailliert wiedergegeben werden.

Vielen Dank für Ihr Interesse an der Aufarbeitung der Dresdner Stadtgeschichte.«

Als Anlage dann die so avisierte Antwort von Matthias Neutzner, datiert vom 23. August 2009: »Sehr geehrter Herr Lämpe, Ihr aus dem Februar und Mai 2009 datierender Schriftwechsel mit der Landeshauptstadt Dresden wurde mir zur Stellungnahme übergeben. Sie formulierten in Ihren Schreiben an Herrn Bürgermeister Dr. Lunau und den Leiter des Dresdner Stadtarchivs, Herrn Kübler, Fragen zur Arbeitsweise und zu den Ergebnissen der Dresdner Historikerkommission, die sich mit der Zahl der bei den Luftangriffen auf Dresden im Februar 1945 getöteten Menschen beschäftigt. Ich leite jenes Teilprojekt der Kommission, in dem personenbezogene Dokumente zur Bergung, Registratur und Bestattung der Luftkriegstoten ausgewertet werden. Insofern bin ich mit der Quellensituation in den Dresdner Archiven vertraut. Zu Ihren Fragen:

1. *Bewertung der Angaben zur Totenzahl in Walter Weidauers Buch ›Inferno Dresden‹*

Bei unseren Recherchen im Dresdner Stadtarchiv und im Sächsischen Hauptstaatsarchiv Dresden konnten wir bislang keine Unterlagen zu den von Walter Weidauer berichteten Untersuchungen der Dresdner Stadtverwaltung aus dem Jahr 1946 finden. Insbesondere sind kein ›Abschlussbericht‹ und keine sonstigen Schriftwechsel einer ›Kommission ‹ überliefert. Offenkundig lagen auch Weidauer beim Verfassen seines Buches knapp zwanzig

Jahre später solche Unterlagen nicht vor. In der ersten Auflage nennt er keine Belege für seine Zahlenangaben (im Gegensatz zu vielen anderen Quellenangaben im Buch), sondern berichtet lediglich aus seiner persönlichen Erinnerung. Erst in Vorbereitung einer zweiten Auflage fragte er schriftlich bei mehreren ehemaligen Mitarbeitern nach deren Erinnerungen an. Auch die Antworten der Angeschriebenen (die im Sächsischen Hauptstaatsarchiv aufbewahrt werden) enthalten keine Hinweise auf die Methode der Untersuchungen oder auf Dokumente, in denen Untersuchungsergebnisse dokumentiert sind. Trotz offenkundig intensiver Bemühungen ist es Weidauer auch später nicht gelungen, schriftliche Belege für die von ihm angegebenen Zahlen (und deren Quellen) zu finden.

Es ist uns bislang also nicht möglich gewesen zu rekonstruieren, wie die von Walter Weidauer genannte Zahl zustande gekommen ist. Im Gegensatz dazu liegt eine Veröffentlichung des Amtes für Statistik der Stadt Dresden vom April 1946 vor, in der die Zahl der Dresdner Luftkriegstoten mit 25.000 angegeben wird. Auch die im Dresdner Stadtarchiv überlieferten Dokumente mit Bestattungsmeldungen des Dresdner Heidefriedhofs aus dem Jahr 1945 stimmen nicht mit der von Weidauer erinnerten Angabe zur Zahl der dort Bestatteten überein.

Weidauers Angaben können aus heutiger Sicht also keinesfalls als ›gesichert‹ angenommen werden. Insofern war es für die Kommissionsarbeit unabdingbar, sie durch eigene Untersuchungen zu überprüfen. Tatsächlich kommt die Kommission nun zu einem von Weidauers Zahlen abweichenden Ergebnis.

2. Kontroverse um die Zahl der Dresdner Luftkriegstoten

Sie fragten an, inwieweit es tatsächlich vor 1989/90 Kontroversen um die Zahl der im Februar 1945 in Dresden getöteten Menschen gegeben habe. Das ist der Fall. Für die Zeit bis zur Mitte der 1960er Jahre beschreibt ja Weidauer selbst solche Auseinandersetzungen, die leicht um weitere Beispiele ergänzt werden könnten. Auch in den folgenden Jahrzehnten wurden immer wieder voneinander völlig abweichende Angaben publiziert – vor allem außerhalb der DDR, gelegentlich aber selbst dort. Öffentliche Debatten um die Dresdner Totenzahlen finden sich beispielsweise in publizierten Leserbriefen an westdeutsche und westeuropäische Zeitungen sowohl in den 1970er als auch 1980er Jahren. Ab 1990 erhielt diese Auseinandersetzung dann eine neue Intensität und noch größere Öffentlichkeit. Sie hält bis heute an.

3. Impuls für die Bildung der Historikerkommission

Die Anregung für eine wissenschaftliche Untersuchung der Folgen der Februar-Luftangriffe entstand im Februar 2004 in Gesprächen bürgerschaftlicher Gruppen zur Dresdner Erinnerungskultur. Sie wurde vom damaligen Oberbürgermeister aufgegriffen und in einer öffentlichen Podiumsdiskussion im März desselben Jahres erstmals zur Sprache gebracht. Nach den nötigen konzeptionellen Vorbereitungen erfolgte die Berufung der Kommission durch den Oberbürgermeister im November 2004.

4. Bestätigung der Kommissionsarbeit durch den Dresdner Stadtrat

Die Kommission musste ihre Arbeit beginnen, ohne dass die geplanten finanziellen Mittel in ausreichendem Umfang bereitgestanden hätten. Im Ergebnis dessen konnten in den Jahren 2005 und 2006 lediglich einzelne Arbeitspakete bearbeitet werden. Um die Finanzierung der Kommissionsarbeit zu sichern, wurde im Frühjahr 2006 ein Beschluss des Stadtrates angestrebt, der jedoch erst nach einer längeren lokalpolitischen Diskussion zustande kam. Im Januar 2007 wurde die Kommission durch den Dresdner Stadtrat bestätigt und damit auch die Finanzierung gesichert.

Ich möchte in diesem Zusammenhang darauf hinweisen, dass der überwiegende Teil der Kommissionsarbeit ehrenamtlich geschieht.

Ich hoffe, Ihre Fragen zunächst beantwortet zu haben und darf Sie weiter auf den Abschlussbericht der Kommission verweisen, der zum Jahresende zur Verfügung stehen wird. Sie werden sich dort detailliert zu unseren Untersuchungen und deren Ergebnissen informieren können.

Mit freundlichen Grüßen

gez. Matthias Neutzner«

Enthielt das Schreiben Neues und Erhellendes? Nein.

Interessant war es nur hinsichtlich meiner Vermutungen zum Grund der neueren Untersuchungen: dass sich ein beträchtlicher Teil des Schreibens und, an erster Stelle platziert, auf Walter Weidauers Totenzahl bezieht.

Die eigenen (widerwilligen) Recherchen

Obwohl ich das Zahlenspiel für unwürdig halte, unternahm ich zwischenzeitlich einige eigene Recherchen dazu in meiner Heimatstadt.

Mein erstes Ziel: der Johannisfriedhof in der Wehlener Straße, in dessen unmittelbarer Nähe ich seit 1946 viele Jahre wohnte. Dort besuchte ich auch die 32. Grundschule acht Jahre lang. Die inzwischen 100-jährige ist jetzt die Mittelschule »Sieben Schwaben«.

Der Johannisfriedhof war außerdem Arbeitsstätte meiner Großmutter sowie meiner späteren Schwiegermutter. Aber das nur nebenbei.

Die Leiterin des Friedhofs schrieb mir bereitwillig auf einen Zettel die eherne und damit auch heute noch aktuelle Zahl der hier beigesetzten Opfer des Bombardements auf Dresden: 3.660. Außerdem informierte sie mich, dass diese Zahl auch im Ehrenhain ersichtlich ist.

Der nächste Weg führte mich zum Dresdner Altmarkt. Seit geraumer Zeit ist hier im Straßenpflaster – allerdings kaum wahrnehmbar, da winzig klein – auf einer schmalen Metallschiene die Anzahl der dort verbrannten Leichen ausgewiesen: 6.865 (identisch mit der von Walter Weidauer verwendeten Zahl).

Der Vollständigkeit halber soll gleich an dieser Stelle auf die von Weidauer beschriebene Zahl von höchstens weiteren 3.000 Toten verwiesen werden, die noch unter den Trümmern vermutet worden sind. Die Erfahrungen, die bei der Enttrümmerung gemacht wurden, deuteten auf die annähernde Größenordnung dieser Opferzahl hin.

Walter Weidauer schreibt im »Inferno Dresden«:

»Seit dem 8. Mai 1945 sind in Dresden, nach den lückenlos vorhandenen Unterlagen aller Friedhöfe, bei der Enttrümmerung 1.858 Leichen geborgen worden« (8. verkürzte Auflage 1990, S. 109).

Da Weidauer von den lückenlos vorhandenen Unterlagen aller (Dresdner) Friedhöfe spricht, müssen diese Unterlagen auch heute noch lückenlos vorhanden sein. So muss die Historikerkommission ebenfalls auf diese Zahl kommen.

Da aber nach deren bisherigen Aussagen eine dahingehend noch intensivere Forschung in Dresden selbst betrieben wurde, könnte diese Zahl noch höher liegen.

Zu den in Dresdner Friedhofsdokumenten ausgewiesenen Zahlen kommt noch eine nicht unbeträchtliche Anzahl außerhalb Dresdens bestatteter Opfer hinzu, die von Walter Weidauer gar nicht erfasst werden konnte. Somit müsste also nach Adam Ries die Gesamtopferzahl letztlich höher und keineswegs niedriger liegen als die von Weidauer ausgewiesenen 35.000.

Warten wir also den Abschlussbericht ab.

Mein nächstes Ziel: Der Heidefriedhof, der sich m. E. nun als Kulminationspunkt bei der Bestimmung der Opferzahlen 35.000 oder weniger als 25.000 herauskristallisiert.

Die Mitarbeiterin der Friedhofsverwaltung, Frau Gütte, verwies mich nach kurzer Darlegung meines Anliegens an den Leiter des Städtischen Friedhofs- und Bestattungswesens, bei dem ich mir erst die Genehmigung für Recherchen zu Angaben der Opferzahlen des 13./14. Februar 1945, die auf dem Heidefriedhof beigesetzt sind, einholen sollte. Zu den 28.746 Toten, die Walter Weidauer auf Grund des bereits genannten Dokumentes des Oberfriedhofsgärtners Zeppenfeld angegeben hat, könnte sie sich nicht äußern. Frau Gütte überreichte mir ein Kärtchen mit den Angaben des Instituts und verwies mich auf die Sekretärin des dortigen Direktors, Frau Riedel.

So führte mich mein nächster Gang zur Löbtauer Straße.

Nachdem ich Frau Riedel mein Anliegen vorgetragen und meine Bitte nach der Zahl der beigesetzten Opfer auf dem Heidefriedhof geäußert hatte, schaute sie, ob sich in dem betreffenden Ordner ein entsprechender Nachweis finden ließe. Als dies erfolglos blieb, rief sie Frau Gütte im Heidefriedhof an. Ich klärte sie sofort auf, dass ich bereits bei ihr gewesen bin. Das Ergebnis dieses Anrufs war aber dahingehend sehr aufschlussreich, dass sich auf dem Heidefriedhof nur eine Liste mit den *namentlich* bekannten beigesetzten Opfern befindet.

Was also ist mit den vermutlich Tausenden Namenlosen? Will die Historikerkommission nur die namentlich Erfassten zur Grundlage nehmen, um so auf die weniger als 25.000 Gesamtopfer zu kommen?

So werden die Tausenden Namenlosen des Heidefriedhofs zu den vergessenen Toten!

Auf das Dokument des Oberfriedhofsgärtners Zeppenfeld vom Heidefriedhof aus dem Jahre 1945 angesprochen, äußerte sich Frau Riedel dahingehend, dass dieses heute wohl nicht mehr auffindbar sein werde.

Das befürchte ich auch. Eines aber gilt als sicher: Es existierte zweifelsohne. Warum sollte Walter Weidauer solche »schriftlich vorliegenden Aussagen des Oberfriedhofsgärtners Zeppenfeld« erfunden haben? Zeppenfeld selbst war bei der Beisetzung der 28.746 Toten der Bombenangriffe auf Dresden (einschließlich der Reste der 6.865 auf dem Altmarkt eingeäscherten Opfer) anwesend. Wäre dies alles von Weidauer erfunden, dann hätte man ihn bereits bei Erscheinen seines Buches im Jahre 1965 belangen können.

Warum also sollte Weidauer gelogen haben? Wo auch immer dieses wichtige Dokument abgeblieben sein mag, es war einst vorhanden!

Abschließend bat ich Frau Riedel, mir eventuell nach Rücksprache mit dem Direktor noch einige Informationen zur Zahl der beigesetzten Opfer auf dem Heidefriedhof zukommen zu lassen. Das sicherte sie mir zu.

Nachdem eine Woche vergangen war und ich noch keinerlei neuere Informationen erhalten hatte, richtete ich am 2. Juli 2009 folgendes Schreiben an den Betriebsdirektor des Städtischen Friedhofs- und Bestattungswesens, Herrn Robert Arnrich:

»Sehr geehrter Herr Betriebsdirektor, am 24. Juni fragte ich bei Ihrer Sekretärin, Frau Riedel, nach, ob mir die Zahl der im Heidefriedhof beigesetzten Opfer der Bombardierung Dresdens im Februar 1945 mitgeteilt werden könnte, die ich für ein Buch benötige. Leider war das an diesem Tage nicht möglich. Frau Riedel stellte mir aber auf meine Bitte hin in Aussicht, mir nach Rücksprache mit Ihnen eine entsprechende Information zu übermitteln. Leider habe ich diese bis heute noch nicht erhalten, so dass in meinem inzwischen fertig gestellten Manuskript noch eine Lücke klafft. Deshalb meine Anfrage an Sie: Wäre es richtig, wenn ich die vom damaligen Oberfriedhofsgärtner Zeppenfeld erfasste Zahl von insgesamt 28.746 Toten, einschließlich der Asche der 6.865 auf dem Altmarkt eingeäscherten Opfer, für mein Buch verwenden würde?

Wenn das – aus welchem Grund auch immer – nicht empfehlenswert wäre, wäre ich Ihnen dankbar, wenn Sie mir entsprechende andere Angaben übermitteln könnten. Dabei würde es für mich auch hilfreich sein, evtl. eine Differenzierung von namentlich bekannten beigesetzten Opfern auf dem Heidefriedhof und den – gewiss unzähligen – Namenlosen vorzunehmen, insofern das heute noch möglich ist. Nach den Angaben von Zeppenfeld aus den unmittelbar erfolgten Bestattungen ist ja aber wohl davon auszugehen, dass es doch auch zig Tausende waren, deren Namen gar nicht erfasst werden konnten. «

Da nach weiteren zwei Wochen keine Antwort erfolgte, schrieb ich erneut an Herrn Arnrich mit der nochmaligen dringlichen Bitte um die Übermittlung der von mir benötigten Angaben.

Der Betriebsdirektor des Städtischen Friedhofs- und Bestattungswesens teilte mir daraufhin am 20. Juli telefonisch mit: Auf dem Heidefriedhof wurden 3.895 namentlich bekannte Opfer und 12.486 Unbekannte beigesetzt. Diese Angaben seien im Jahre 1995 vom Grünflächenamt ermittelt worden.

Es ergibt sich daraus sofort die Frage, wieso plötzlich neue »Untersuchungsergebniss« bezüglich der unbekannten Opfer, die auf diesem Friedhof bestattet sind, aus dem Jahr 1995 auftauchen. Sehr eigenartig. Und vor allem: Wie ist es möglich, nach nunmehr fast 50 Jahren die Zahl der Unbekannten neu zu ermitteln? Ist da die Gesamtzahlenangabe des Oberfriedhofsgärtners Zeppenfeld aus dem Jahre 1945 nicht glaubhafter?

Warum werden diese Angaben nach der Wende in Frage gestellt? Was soll dieses neue Ergebnis?

Im Verlaufe des Telefonats mit Herrn Arnrich stellte ich auch die Frage, ob ihm die Angaben von Zeppenfeld bekannt seien.

Nein, sagte er und erkundigte sich, woher ich sie habe.

Ich verwies auf das Buch Weidauers und hatte den Eindruck, dass ihm auch dieses unbekannt wäre. Oder er wollte diesen Eindruck nur erwecken.

Trotz alledem: Rechnet man zu den »Ermittlungen« des Grünflächenamtes von 1995 noch die knapp 7.000 Eingeäscherten vom Altmarkt hinzu, nähert man sich zumindest den Zeppenfeldschen Angaben.

Apropos Zeppenfeld: Beim Blättern im aktuellen Dresdner Telefonbuch stieß ich auf zwei Namensvetter des ehemaligen Oberfriedhofsgärtners des Heidefriedhofs.

Zum einen auf Georg Zeppenfeld. Hier ergab sich, dass die Familie erst später nach Dresden zugezogen war und keinerlei verwandtschaftliches Verhältnis zu ihm bestand.

Zum anderen auf einen Dieter Zeppenfeld. Er gab sich als Enkel des Oberfriedhofsgärtners zu erkennen. So erfuhr ich, dass sein Großvater in den 50er Jahren verstorben war, er aber zu jenem Zeitpunkt keine Verbindung mehr zu ihm hatte, da sich seine Eltern 1947 getrennt hatten. Und diese seien ebenfalls verstorben.

Was bleibt, ist also die gewiss nicht erfundene Variante von Walter Weidauer und die Zahl von über 28.000 beigesetzten Opfern auf dem Heidefriedhof.

Alles in allem ergibt sich bereits aus den bis dahin erfolgten Recherchen die entscheidende Frage: Alles nur »Mutmaßungen« von Walter Weidauer, Herr Vorsitzender der Dresdner Historikerkommission?

Der Nachlass Walter Weidauers

Ich sichtete anschließende den umfangreichen Nachlass von Walter Weidauer, der sich im Sächsischen Hauptstaatsarchiv Dresden befindet. Ein flüchtiger Blick zeigte, dass darunter keine speziellen Dokumente zum Heidefriedhof waren.

Trotzdem stieß ich auf eine Reihe interessanter Dokumente im Zusammenhang mit den Opferzahlen. (Alle folgenden Zitate beziehen sich auf Archivmaterial des Sächsischen Staatsarchivs, Hauptstaatsarchiv Dresden, 12456. Nachlässe/Personenfonds. Die jeweilige Akten-Nr. wird nach den zitierten Dokumenten angegeben.)

Im Nachlass Walter Weidauers befindet sich ein »Erster Entwurf einer Broschüre für den Dietz-Verlag *Dresden – Legenden und Lügen um einen teuflischen Plan*« als maschinengeschriebener Durchschlag. Im Abschnitt »Will man mit den Toten ein Geschäft machen?« heißt es u. a.: »Hunderte Antifaschisten haben damals an der Ermittlung der genauen Zahl der Opfer mitgearbeitet.« (Akten-Nr. V./2.052-007) Liest man im umfangreichen Nachlass weiter, stößt man auf Zeitungsausschnitte westlicher Medien unterschiedlicher Couleur. Die Beiträge erschienen anlässlich von Jahrestagen der Bombardierung Dresdens. Aufschlussreich dabei, dass es niemals Hinweise auf Weidauer allgemein bzw. speziell auf sein Buch »Inferno Dresden« und die darin exakt nachgewiesenen Opferzahlen gibt.

Im Jahre 1977 erschien ein Buch von Götz Bergander, gebürtiger Dresdner und inzwischen in Westberlin wohnend und arbeitend, mit dem Titel »Dresden im Luftkrieg« (Böhlau Verlag, Köln). Bergander benennt in diesem Buch ebenfalls die von Weidauer bereits ermittelte Zahl von 35.000 Opfern.

Im Zusammenhang mit der Vorbereitung und besonders der Popularisierung dieses Buches kam es zu einem recht ausführlichen Schriftwechsel zwischen Weidauer und Bergander. Eine Reihe dieser Briefe befindet sich (teils im Original) im Nachlass Walter Weidauers. So die Abschrift eines Briefes Weidauers an Bergander vom 28.4.1977. Darin heißt es: »Ich sitze hier vor einer dicken Mappe voll Material, das sich alles mehr oder weniger mit Ihrem Buch ›Dresden im Luftkrieg‹ beschäftigt und will den Versuch [...] unternehmen, auf die wichtigsten Fragen einzugehen.«

Im Folgenden bezieht sich Walter Weidauer auf Rezensionen zum Buch Götz Berganders, die in westdeutschen Zeitungen erschienen sind und ihm (Walter Weidauer) im Original bzw. als Kopien vorlagen.

Walter Weidauer schreibt weiter: »Es war und ist kein Zufall, dass nach dem Motto ›Es kann nicht sein, was nicht sein darf‹ meine Forschungsergebnisse, da ich Kommunist bin, trotz aller unumstößlicher Beweise, von vornherein von der reaktionären Meute als Lügen abgestempelt und, logischerweise, ihre faustdicken Lügen als ›pure, glasklare, ja absolute Wahrheit‹ den Lesern serviert werden. [...] Weil geschichtliche Fakten, an denen nebenbei gesagt, nicht zu rütteln ist, mit denen von Kommunisten übereinstimmen, werden Sie ›Opfer einer organisierten Verfolgung‹. Und alles das im Namen der ›Freiheit und Menschlichkeit‹.« (Akten-Nr. V/2.052-23)

Das Original dieses Briefes vom 28. April 1977 befindet sich vermutlich noch heute – ebenso wie andere Teile des umfangreichen Schriftverkehrs mit Walter Weidauer – im Besitz Berganders.

Interessant ist, dass in allen diesen im Nachlass vorliegenden Rezensionen zu Berganders Buch übereinstimmend auf die im Buch genannten 35.000 Toten Bezug genommen wird, die sich (so die Einschätzungen) als die wahrscheinlichsten herausstellten. Wobei in einer Reihe dieser Zeitungsveröffentlichungen – ebenfalls in zahlreichen dazu erschienenen Leserbriefen – die von Bergander (und somit auch von Weidauer) genannte Zahl als noch *zu niedrig* angesetzt bezeichnet wird.

Bezüglich des Buches von Bergander, des Briefwechsels Weidauer/Bergander und der übereinstimmenden Opferzahlen des 13./14. Februar 1945 ist es eigenartig, dass Götz Bergander heute (in Berlin wohnend) Mitglied der Dresdner Historikerkommission ist, die die Opferzahlen mit »nur« 25.000 angibt.

Beim weiteren Recherchieren im Weidauer-Nachlass stieß ich auf einen 14-seitigen maschinengeschriebenen Erlebnisbericht »Die Wahrheit über Dresden« eines offensichtlich westlichen Journalisten namens Peter Lust, der Ende der 60er Jahre in Dresden weilte. Unter allen Umständen wollte er eine Begegnung mit Walter Weidauer, »des wichtigsten Zeugen für die Wahrheit über Dresden, eines Mannes, der während der letzten 10 Jahre kaum von westlichen Korrespondenten interviewt worden ist.« (S. 4).

Es gab eine Reihe von Schwierigkeiten für Peter Lust, diese Begegnung zu arrangieren. Niemand wollte ihm diese vermitteln. Durch einen Hinweis Manfred von Ardennes traf er dann auf eine Frau von Ameln, eine gute Bekannte Weidauers. Sie informierte Peter Lust davon, dass Walter Weidauer über eine vollständige Aktenkartei über die Opfer der Luftangriffe auf Dresden verfüge. Und mit ihrer Hilfe kam es schließlich doch noch zu einer Begegnung mit Weidauer.

Lust schreibt: »Weidauer ist Ende 60. […] Er ist witzig, höflich, aufmerksam und konversiert gut.« (S. 7)

Während des längeren Gesprächs kommt Walter Weidauer auf die 35.000 Menschen zu sprechen, die Dresden damals verloren habe. Peter Lust zitiert ihn: »Sie werden die genaue Zahl finden, wenn Sie morgen unsere Akten einsehen werden. Die meisten Dresdner kennen sie.« (S. 8)

Lust beschäftigte sich dann drei Tage mit seinen Nachforschungen (S. 9) und fand die Angaben Weidauers nachprüfbar (S. 9f.). (Akten-Nr. V/2.052-025)

Entscheidende Frage: Wo sind die Akten, die Peter Lust in akribischer Kleinarbeit eingesehen hat?

Das Bergander-Buch. Sonderausgabe von 1998

Im Jahre 1989 erschien für den Flechsig-Buchvertrieb eine erneute Auflage des 1977 erstmalig verlegten Buches von Götz Bergander als Sonderausgabe mit dem Titel »Dresden im Luftkrieg. Vorgeschichte – Zerstörung – Folgen«. Gut zu wissen: Auch in dieser Ausgabe gibt es im Berganderschen ausführlichen Zahlenspiel auf immerhin mehr als 20 Seiten (Kapitel 12 »Flüchtlinge – Tote«) keinen Hinweis auf Zweifel an Weidauers Zahlen. Ganz im Gegenteil, dessen Angaben werden an mehreren Stellen – wie bereits in der Erstausgabe von 1977 – ausdrücklich bestätigt.

An der alles entscheidenden Aussage dieser Erstausgabe hält Bergander auch in der Sonderausgabe fest: »Wer die Zerstörung Dresdens miterlebt hat – und der Verfasser gehört dazu –, dem erscheinen 35.000 Tote zu wenig. Dennoch akzeptiere ich die Möglichkeit, dass diese Zahl der Wahrheit am nächsten kommt, mag sie auch um einige Tausende höher gewesen sein. In jedem Fall setzt sie eine Größenordnung.« (S. 229)

Diese Aussage steht hier bewusst an erster Stelle. Vor allem deshalb, weil mir von der Dresdner Historikerkommission in Beantwortung meines ersten Schreibens das Studium dieses Buches extra empfohlen worden ist.

Auch die weiteren Aussagen, in denen sich Bergander auf ein Buch von Max Seydewitz bezieht, sind aufschlussreich: »Seydewitz und Weidauer bringen Zahlen der identifizierten und nicht identifizierten Toten, die auf den Dresdner Friedhöfen, meist in Massengräbern, beigesetzt worden sind. Diese Angaben der Friedhofsverwaltungen zugrundegelegt, kam eine von der neuen Stadtverwaltung eingesetzte Untersuchungskommission 1946 zu dem Ergebnis, dass man bis zum 8. Mai 1945 mit etwa 32.000 geborgenen Luftkriegstoten zu rechnen habe. Nach allgemeinen Erfahrungen schätzte man, dass bei der Enttrümmerung noch 3.000 Opfer gefunden werden könnten.

Als Basis galten folgende Angaben: Der Friedhofsobergärtner Zeppenfeld nannte 28.746 auf dem Heidefriedhof beigesetzte Tote. Er nahm an, die Asche von 9.000 auf dem Altmarkt eingeäscherten Toten sei darunter gewesen; tatsächlich wurden auf dem Altmarkt 6.865 Leichen verbrannt, so dass die Zahl entsprechend niedriger sein müsste. Gezählt wurden die Köpfe der Todesopfer.

Seydewitz berichtet, dass Leichen ohne Kopf nicht mitgezählt werden konnten, auch nicht die im Feuersturm Verbrannten, von denen nichts als ein Häufchen Asche übriggeblieben war.

Weidauer bezog sich anfangs ebenfalls auf die Angaben Zeppenfelds, meinte jedoch 1977, diese hätten sich durch inzwischen aufgefundene Dokumente als sehr stark übertrieben herausgestellt, ohne jedoch diese Dokumente offenzulegen. 3.666 Tote wurden auf dem Johannisfriedhof beerdigt und auf anderen Friedhöfen etwa 1.000 Opfer der amerikanischen Angriffe, ohne den auf Freital.

Zu berücksichtigen ist ferner, dass unter den als Bombenopfer bezeichneten Toten auch Personen waren, die damals eines natürlichen Todes gestorben sind, und zwar

Einwohner Dresdens und durchziehende Flüchtlinge. Andererseits sind von der Friedhofsverwaltung nicht sämtliche Opfer der Luftangriffe erfasst worden, weil es Angehörige gab, die ihre Familienmitglieder selbst bargen und in Erbbegräbnissen bestatten ließen, ohne sie direkt als Luftkriegsopfer auszuweisen. Es mag sich dabei auch um später ihren Verletzungen Erlegene handeln, die privat gepflegt worden waren.

Für die Mehrzahl der Toten jedenfalls gibt es Belege – Listen, die auf den Polizeirevieren geführt wurden, Straßenbücher und Kennzettel, die bei der Bergung ausgeschrieben wurden.

Für einige Tausend Tote existieren keine Kennzettel, Bergungsberichte und Eintragungen in den Straßenbüchern, so dass die höchste im Dresdner Rathaus in der Urkundenstelle eingetragene Karteinummer 31.102 ist.«

Eine Anmerkung zur Aussage Berganders, dass Weidauer im Jahre 1977 meinte, die Angaben Zeppenfelds hätten sich als stark übertrieben herausgestellt, der dazu aber keine Quellen nannte: Steht dieser Verweis auf die vermeintliche Aussage Weidauers (ausgerechnet aus dem Jahre 1977, der Erstveröffentlichung des Buches Berganders) gar im Zusammenhang mit den Querelen in den Buchrezensionen westlicher Journalisten bezüglich der 35.000 Toten und dem Bezug Berganders auf Weidauersche Zahlen?

Wo ist diese vermeintliche Aussage Weidauers dokumentiert und nachzulesen? Die Zeppenfeld-Angaben wurden in keiner darauf folgenden Auflagen des Buches »Inferno Dresden« seit 1977 verändert bzw. eine Revision in irgendeiner Weise von Weidauer erwähnt.

An anderer Stelle noch eine bemerkenswerte Aussage Berganders: »Am nachdrücklichsten trat Walter Weidauer 1965 für eine Endzahl von 35.000 Toten ein. Ein Jahr später lieferte ihm der Zufall den Beweis, dass seine These der Wirklichkeit am nächsten kommt.« (S. 218)

Bergander schildert auf S. 224 ein Zusammentreffen Weidauers mit einer Frau Jurk nach einem Vortrag in Bad Schandau, die ihm ein entsprechendes Dokument aus dem Nachlass ihres Schwiegervaters, der nach Aktenzeichen auch Verfasser dieses Schriftstücks war, übergab. Max Jurk war Mitarbeiter von Wolfgang Thierig, Oberst der Schutzpolizei in Dresden. Es handelt sich dabei um die »Schlussmeldung über die vier Luftangriffe auf den LS-Ort Dresden am 13., 14. und 15. Februar 1945«.

Bergander schreibt: »Sie umfasst elf engzeilig beschriebene Schreibmaschinenseiten, eine einzigartige Bestandsaufnahme.«

Und weiter: »In den Wirren der letzten Kriegswochen gingen anscheinend sämtliche anderen Exemplare verloren. Das gleiche gilt für die Lagemeldung des Chefs der Ordnungspolizei Berlin, in welcher die Schlussmeldung aus Dresden aufgegangen war. Doppelte Buchführung, und trotzdem nur spärliche Hinterlassenschaft. Der Zufall wollte es, dass im Bundesarchiv Koblenz Dr. Boberach das Ergänzungsstück unter 25.000 Akten des Reichsfinanzministeriums entdeckte. Es ist die Lagemeldung Nr. 1404 des Chefs der Ordnungspolizei Berlin vom 22. März 1945. Unwesentlich gekürzt enthält sie den zwölf Tage vorher verfassten und unterzeichneten Text. Auch die Totenzahlen stimmen überein. Der Beweis war erbracht, dass das von Weidauer vorgelegte Dokument, die Schlussmeldung, echt ist.«

Das Dokument wurde dann von Weidauer als Anlage in alle folgenden Ausgaben seines »Inferno Dresden« vollinhaltlich übernommen. Auch Bergander übernimmt den Abschnitt *E. Personenschäden* in sein Buch (S. 224f.) sowie das Faksimile eines Teils dieser Schlussmeldung mit folgendem Begleittext: »Die Schlussmeldung des Höheren SS- und Polizeiführers über die Februar-Luftangriffe auf Dresden ist das wichtigste Beweisstück dafür, dass die Totenzahlen weit niedriger waren als meist behauptet wurde. Bis zum 10. März waren 18.375 Gefallene festgestellt worden. Die Gesamtzahl wurde damals auf 25.000 geschätzt; sie erhöhte sich jedoch auf mindestens 35.000.« (Abb. vor S. 225)

Alles in allem eine überzeugende Bestätigung der Weidauerschen Gesamtopferzahl.

In einem anderen Zusammenhang verweist Bergander auf einen Autor namens Czesany, dessen Buch »Nie wieder Krieg gegen die Zivilbevölkerung« 1961 und 1964 erschien. Darin bezieht sich dieser auf einen 1960/61 publizierten Prospekt des Referats Fremdenverkehr beim Rat der Stadt Dresden, in welchem von 35.000 *identifizierten Toten* die Rede war.

Bergander schreibt dazu: »Und er (*Czesany – D. L.*) folgerte, dass die Gesamtzahl ein Mehrfaches betragen habe«. Und Bergander weiter: »Wie es zu dieser falschen Angabe in dem Prospekt – der keinesfalls ›die amtliche Bekanntmachung des Rates der Stadt Dresden‹ ist – kommen konnte, ist nicht mehr festzustellen. Tatsache ist, dass die Dresdner Behörden sonst ausnahmslos von etwa 35.000 Toten als Gesamtverlust berichten, das heißt identifizierte, nicht identifizierte und vermisste Personen.« (S. 217)

Hier ist also klar und deutlich vermerkt, welche amtlichen Todeszahlen von den Dresdner Behörden ermittelt worden waren. Heute zu behaupten, die Stadt Dresden hätte damals andere (niedrigere) Opferzahlen angegeben, entbehrt damit jeder Grundlage.

Auch Bergander verweist nachdrücklich darauf, dass man in der DDR generell an den 35.000 Toten festhielt (S. 220). Und das zu Recht, wie in seinem Buch überzeugend nachgewiesen.

Abschließend in Kapitel 12 von »Dresden im Luftkrieg« dann noch ein ehrenhaftes Bekenntnis: »Nach all diesen im Grunde widerwärtigen und makaberen Berechnungen muss wohl ins Bewusstsein gerufen werden, dass es Menschen waren, die gestorben sind, ob in Warschau, Rotterdam, Coventry, London, Belgrad, Leningrad, Berlin, Köln, Hamburg, Kassel, Stuttgart, Dresden, Pforzheim und anderswo, dass es Einzelschicksale waren, jedes mit einem unverwechselbaren Ende, nur durch die Massenhaftigkeit in die Anonymität verbannt.«

Daraus ergibt sich einmal mehr die Frage an Götz Bergander, weshalb er sich jetzt an der fragwürdigen Neubestimmung der Todeszahlen des Februar 1945 in der Dresdner Historikerkommission beteiligt?

Eine letzte Bemerkung: Die m. E. wichtigste Quintessenz aller Kapitel des Buches »Dresden im Luftkrieg« soll noch hinzugefügt werden. Am Ende des Schlusskapitels 18 »Schrecken ohne Ende und Ende mit

Schrecken« schreibt Bergander in einer zusammenfassenden Wertung des Flächenbombardements auf seine – und auch meine – Heimatstadt: »Im Rahmen der gestellten Aufgabe, Dresden als Verbindungszentrum auszuschalten, waren die Nachtangriffe des Bomberkommandos überdimensioniert.

Auch bei militärischer Planung sollte von der Verhältnismäßigkeit der Mittel ausgegangen werden. Die Einäscherung eines fünfzehn Quadratkilometer großen Stadtgebietes und die Tötung von mehr als fünfunddreißigtausend Menschen standen in keiner Relation zum Zweck. Die Proportionen waren bizarr verschoben.« (S. 350)

Gut, dass mir die Dresdner Historikerkommission dieses Buch ausdrücklich empfohlen hat!

*

Abschließend und am Rande sei noch Folgendes bemerkt: Was sich mir im Zusammenhang mit dem neuerlichen Versuch der Ermittlung der Gesamtzahl der Opfer des 13./14. Februar 1945 überhaupt nicht erschließt, ist der immense Aufwand der Historikerkommission bezüglich Hunderter Zeugenbefragungen. Was kann denn der einzelne Zeitzeuge heute noch an Beweisen zur Gesamtopferzahl beitragen? Und darum geht es doch wohl!

Das Fazit

Was mir an Antworten der Dresdner Historikerkommission auf meine Schreiben abschließend vorliegt, ist nur sehr unbefriedigend. Die Mehrzahl meiner Fragen ist nur sehr allgemein, ausweichend bzw. überhaupt nicht beantwortet worden. Die wiederholte Hinweis auf den (vorläufigen) Abschlussbericht der Historikerkommission, der für Ende 2009/Anfang 2010 in Aussicht genommen wurde, ist genauso nichts sagend.

War und ist doch das Gesamtergebnis – wie mehrfach durch die Kommission selbst bestätigt – von Anfang an vorprogrammiert. Die Beweise dafür sollten letztlich nur noch durch jahrelange kostspielige »wissenschaftliche Untersuchungen« im Nachhinein erbracht werden. So wie die alten Lateiner zu sagen pflegten »q. e. d.« oder in der Mathematik mit dem »w. z. b. w.« üblich: »Was zu beweisen war«. Die Probe ergibt: Das vorher »ermittelte« Ergebnis ist richtig! Der Auftrag ist erfüllt.

Meine Ausgangsthese konnte nicht beweiskräftig widerlegt werden. Im Gegenteil: Sie wurde eher noch bestätigt. Walter Weidauer und viele andere der Kriegs- und unmittelbaren Nachkriegsgeneration werden im Nachhinein unverhohlen als Lügner hingestellt. Schlicht und einfach verabscheuungswürdig.

In *Neues Deutschland* vom 9. Juni 2009 schrieb Rudolf Sternberger in einem Beitrag zur Ausstellung »Kunst und Kalter Krieg. Deutsche Positionen 1945 – 1989« im Germanischen Nationalmuseum in Nürnberg Folgendes: »Der Kalte Krieg war […] ein psychologischer Machtkampf, in dem um die Herzen und Köpfe der Menschen gerungen wurde und in dem die Propaganda die gegnerische Position untergraben sollte.«

Wie zutreffend doch gerade auch bezogen auf den gegenwärtigen Streit um die Opfer des Februar 1945 in Dresden.

Der »Kalte Krieg« ist offensichtlich noch lange nicht zu Ende!

Makabres Spiel um Tote des 13. Februar 1945

Von Horst Schneider

Beim 47. deutschen Historikertag Anfang Oktober 2008 stand auch die »Ermittlung der Opferzahlen der Luftangriffe auf die Stadt Dresden am 13./14. Februar 1945« auf der Tagesordnung. Den Anwesenden wurde eine »Erklärung der Dresdner Historikerkommission« übergeben, die am 1. Oktober von der Oberbürgermeisterin der Elbmetropole herausgegeben worden war. Unterzeichner sind 13 Persönlichkeiten.

Diese Historiker führten darin aus: »Im Zentrum der Auseinandersetzung um die Dresdner Luftkriegsereignisse steht die extrem gegensätzliche Darstellung der Zahl der Opfer der Angriffe zwischen dem 13. und 15. Februar 1945. Bis heute schwanken die Angaben zwischen 20.000 und bis zu 500.000 Toten; selbst bis zu einer Million ums Leben Gekommene sind in der Literatur zu finden.«

Die Kommission sieht die »Dresdner Opferzahlen (als) Ausdruck einer zutiefst umstrittenen Symbolbildung. Bis heute steht Dresden alljährlich im Mittelpunkt intensiver geschichtspolitischer Auseinandersetzungen, die weit über den regionalen Rahmen hinausreichen«.

Die Kritik bleibt anonym. Die Kommission verzichtet darauf, Arbeiten und Autoren zu nennen. Es wird nicht gesagt, worin die »Symbolkraft« besteht.

Mit der »Erklärung« vollbrachte die Kommission das, was Bundespräsident Roman Herzog am 13. Februar

1995 in der Dresdner Kathedrale streng verurteilt hatte: »Wer […] den Teufelskreis von Unrecht und Gewalt, von Krieg und Unmenschlichkeit brechen will, wer Frieden, Freundschaft und Versöhnung zwischen den Völkern sucht, der kann nicht einfach zwischen den Toten, Verwundeten und ins Unglück Gestürzten einen buchhalterischen Saldo ziehen. Leben kann man nicht gegen Leben aufrechnen. […] Diese Mahnung richte ich auch an die Historiker und die historischen Laien, die sich noch heute um die Zahl der Opfer […] des Zweiten Weltkrieges und der nationalsozialistischen Gewaltherrschaft streiten. Man hat diese Rechenspiele zu Recht als die ›Ziffernsprache des Ungeheuerlichen‹ bezeichnet. Diese Sprache führt nicht einen Schritt weiter.«

Soweit Herzog in Dresden.

Warum hatte er das wohl gesagt? Welche Ergebnisse brachte nun die »makabre Saldierung« der Opfer 2008?

Die Kommission hat bislang »18.000 Luftkriegstote nachgewiesen«, wobei »die genannte Größenordnung […] im Ergebnis weiter qualifiziert werden kann«.

Die Kommission wiederholt, dass die Naziführung im März 1945 die Zahl von 200.000 Opfern erfunden habe, um sie propagandistisch zu missbrauchen. Diese Zahlen befänden sich bis heute in der Literatur und den Medien: »Sie werden nach wie vor in der politischen Auseinandersetzung verwendet.« Von wem?

Die Kritik der Kommission bleibt abermals anonym. (In Walter Weidauers »Inferno Dresden«, das sieben Auflagen erlebte, gab es diese Polemik.)

Die Kommission hat sich mit den Argumenten beschäftigt, die eine hohe Opferzahl begründen.

Es sind derer vier:

Erstens: Unentdeckte »Kellertote« kann es nicht gegeben haben. Das sei durch die »sorgfältige Beräumung« belegt.

Zweitens: Es bestanden auch nicht so hohe Temperaturen, »bei denen menschliche Körper nahezu rückstandslos verglühen würden«. Spurenlos Verbrannte könne es also nicht geben.

Drittens: Auch »auswärtige Flüchtlinge« (gemeint sind Schlesier, deren Flucht vor der Sowjetarmee die Nazis befohlen hatten) seien registriert gewesen, also in den offiziellen Opferzahlen enthalten.

Viertens: Für den »systematischen Bordwaffenbeschuss«, an den sich manchen Dresdner zu erinnern glauben, fehlten jegliche Belege.

Wer die Literatur der DDR kennt, weiß, dass es damals derlei Spekulationen nicht gegeben hat. Eine »korrekte Darstellung der Ereignisse« schloss allerdings Fragen ein, auf welche die »Erklärung« gar nicht eingeht.

Zu diesen Fragen gehören: Was führte zum Schicksal Dresdens? Wo liegen die Triebkräfte der faschistischen Kriegspolitik, wer war verantwortlich, und welchen Anteil hatte Dresden daran, als Ziel auserkoren zu werden? (Rüstung, Kriegsakademie, Wehrmachtsstandort etc.) In welcher politisch-militärischen Situation (Zusammenbruch der Ostfront, Krimkonferenz u. a.) erhielt die angloamerikanische Luftflotte den Befehl zur Zerstörung Dresdens? Wer war verantwortlich? Welche langfristige strategische Planung für die Nachkriegszeit verbarg sich hinter der Entscheidung zum Bombardement?

Das Bombardement spielt nicht nur in der Erinnerungspolitik von heute eine wichtige Rolle, sondern nahm schon damals bei der Auseinandersetzung um Nachkriegskonzeptionen der Antihitlerkoalition und der deutschen Politiker der »ersten Stunde« einen herausragenden Platz ein. Die »Erklärung« der Dresdner Historikerkommission macht keine Vorschläge zur Gedenkkultur.

Die Ruine der Frauenkirche, die lange Zeit als Symbol des Mahnens und Gedenkens diente, existiert (im Unterschied zur Ruine der Kathedrale von Coventry) nicht mehr. Ein Mahnmal auf dem Altmarkt, dem Ort der Verbrennung der Leichen, scheint nicht opportun zu sein. (Eine Gedenkplatte am Postplatz für nicht existierende »Opfer« des 17. Juni 1953 sehr wohl, für die 59 von der Reichswehr am 15. März 1920 Ermordeten nicht.)

Angesichts der internationalen Bedeutung des Umgangs mit den Opfern des 13. Februar 1945 und des Vermächtnisses der Toten, keine Wiederholung zuzulassen; angesichts der Tatsache, dass Dresden noch im Frühjahr 1989 bei einer NATO-Übung angenommenes Ziel eines Atomschlags war, und an der Ruine der Frauenkirche in den 80er Jahren traditionell die Kundgebung »Schwerter zu Pflugscharen« stattfand und auch Helmut Kohl dort am 19. Dezember 1989 gelobte, dass von Deutschland nur Frieden ausgehen solle, schlage ich vor, auf dem Altmarkt der dort verbrannten Toten durch eine Stele zu gedenken und in der Nähe der Frauenkirche an die Rede Helmut Kohls und die Friedensdemonstrationen durch eine Gedenkplatte zu erinnern.

Sicherlich wird es genügend einstige Bürgerrechtler und Pfarrer geben, die ihre Erfahrungen nutzen könnten. Finanziell wäre das Vorhaben genauso abzusichern wir die Forschungsarbeit der »Dresdner Historikerkommission«.

Selbstverständlich sollten alle Bürgerinnen und Bürger in die Überlegungen einbezogen werden.

Eine Nachbetrachtung

Von Robert Allertz

An der bretonischen Atlantikküste finden sich noch einige Befestigungsbauten aus dem Zweiten Weltkrieg. Und Städte wie Brest, Lorient und Nantes bestechen durch die architektonische Einfalt der 50er Jahre. Nachdem die Hafenstädte durch alliierte Bomben fast ausradiert worden waren, versuchte man die Weltkriegswunden rasch zu schließen. Dem Verbrechen folgte die Sünde.

Dass die U-Boot- und andere Stützpunkte der faschistischen Wehrmacht vernichtet werden mussten, stand und steht außer Frage. Aber die – heute beschönigend als kollateral bezeichneten – Schäden warfen auch schon damals die Frage nach der Verhältnismäßigkeit auf.

Es stehen an der dortigen Küste noch einige Bunker. Die werden als Museen geführt. Vor ihnen flattern im schönen Dreiklang die Trikolore, die Flagge der Bretagne und das blaue Banner mit den gelben Sternen.

Diese Einrichtungen – zugegeben: ich sah nicht alle, aber etliche – sind sehr anschaulich und naturalistisch bestückt. Selbst Original-Präservative liegen in den Vitrinen zum Bestaunen aus (»Nur für die Deutsche Wehrmacht bestimmt. Nach Gebrauch sofort zu vernichten«). Aber merkwürdig: Man zeigt zwar, dass die deutschen Soldaten da waren – aber weshalb sie bis an den Atlantik kamen, warum sie an die vier Jahre hier ihr ihr Unwesen trieben und wieso sie bis hinter den Rhein zurückgejagt wurden: Das alles erfährt der Besucher nicht. Man breitet den Mantel nachsichtigen Vergessens darüber.

Vermutlich hängt das mit der Europa-Fahne zusammen, die vor dem schweren Beton flattert. Ja, der Krieg war schlimm. Für alle Seiten. Und nun schauen wir gemeinsam in die Zukunft. – Aus dieser Perspektive wird selbst die faschistische Okkupation zur Folklore.

Von vergleichbarer Art scheint der Umgang mit dem Untergang des barocken Dresden zu sein. Der Blick auf die Historie wird nicht geschärft, sondern auf unscharf gestellt. Im diffusen Dunst verschwimmen Zusammenhänge, Ursachen und Folgen. Das ist gewollt.

Wer auf den vorangegangenen Seiten die Bemühungen Dieter Lämpes nachgelesen hat, Klarheit in diesen Nebel zu bringen, wird die Methode bemerken, mit der dieser Vorgang seines gesellschaftlichen Zusammenhanges entkleidet wird. Es bleiben nur Zahlen. Wir haben es hier mit einem bilanztechnischen Vorgang zu tun, wie er täglich in jeder Buchhaltung stattfindet. Ob Milchtüten oder Menschen: Am Ende bleiben nur abstrakte Ziffern.

Gewiss, man kann sagen (und dazu muss man nicht unbedingt gestresster Behördenangestellter und Beamter sein), dass dieser Rentner Lämpe aus dem Berliner Umland eine ziemliche Nervensäge ist. Der hat Zeit, der füllt den Tag mit dem Schreiben von Briefen und dem Stellen von Fragen, und wenn ihm nicht geantwortet wird, mahnt er Auskunft an. Das kann einem ziemlich auf den Zünder gehen, und so gestaltet sich denn auch das Verhältnis zwischen beiden Seiten: gereizt, da verärgert.

Ich unterstelle, dass manche Antwort nicht deshalb ausblieb, weil es ein Schweigekuratel der Mächtigen gibt, sondern weil in allen Behörden – auch in den von

Lämpe angeschriebenen – eine Allianz von Nachlässigkeit, Trägheit, Arroganz und Beamtenwillkür wohnt. Ich würde nicht so weit gehen wollen, was Lämpe insinuiert: hier wird mit Vorsatz geblockt und Wahrheit unterdrückt. Der subalterne Behördenmensch ist nur vorsichtig.

Denn da ist ein gewisses Moment der Verunsicherung spürbar. Wieso insistiert da einer fortgesetzt? Wieso gibt er nicht Ruhe? Man sollte ihn besser nicht reizen. So versteckt man sich schließlich hinter der vermeintlichen Weisheit einer Kommission und verweist auf deren finales Wort. Par ordre de mufti wird also entschieden: Es hat soundso viele Tote gegeben, basta!

Die Verstörung auf Seiten der Rechthaber ist erklärbar. Es geht gar nicht um ein paar Tausend Tote mehr oder weniger. Das Jonglieren mit den Zahlen, so unwürdig und pietätlos wie nichts, ist nicht das Problem. Das eigentliche Thema ist die Auseinandersetzung mit der DDR und deren Geschichtsbild. Wir haben es hier mit dem zentralen Schlachtfeld der Gegenwart zu tun.

Die Zahl ist nebensächlich. Entscheidend ist, dass sie von der DDR in die Welt gesetzt worden ist. Und was dieser »Unrechtsstaat« in Umlauf brachte, ist nach heutiger Lesart prinzipiell falsch und gelogen. (Nicht auszuschließen, dass sich eines Tages »Wissenschaftler« für den »Beweis« hergeben, dass 2 plus 2 doch 4,1 sind, nur weil in den Schulbüchern von Margot Honecker indoktriert wurde, dass 2 plus 2 genau 4 seien.)

Das Gezeter um diese Zahlen ist Erscheinung, nicht das Wesen des Streits. Die Rechthaberei stellt sich demonstrativ gegen das »Unrechtsregime«, wie diese DDR heute nur noch genannt werden soll.

Diese Verunschärfung des Blicks auf die Vergangenheit greift noch weiter.

Es verhält sich so wie die Darstellungen an der französischen Atlantikküste, in polnischen Museumsdörfern in Westpreußen, die mit EU-Mitteln errichtet werden, oder mit Gedenkorten auf Kreta, wo Hitlers Legionäre Bergdörfer niederbrannten und die Bewohner massakrierten. Wir sind modern, heißt es dort überall, wir sind Europäer, blicken in die Zukunft und nicht zurück. Und deshalb richtet man offiziell kein kritisches Wort an den mächtigen Rechtsnachfolger des Deutschen Reiches. Man möchte sich dessen Gunst nicht verscherzen. Und außerdem kommen zahlende Touristen aus Deutschland. Die wollen doch im Urlaub nicht hören, wie sich ihre Vorfahren hier aufgeführt haben!

Diese fragwürdige Haltung hat sich auf dem ganzen Kontinent ausgebreitet: vom Baltikum bis zur Biskaya, von Spitzbergen bis zur Peloponnes.

Und dabei ist es noch keine 65 Jahre her, dass der größte Völkermord der neueren Geschichte endete.

Natürlich, kein Volk soll und kann bis ans Ende seiner Tage alle Last der Geschichte tragen. Auch wir Deutschen, die Nachgeborenen, haben ein Recht darauf, nicht fortgesetzt mit den Verbrechen unserer Vorfahren konfrontiert zu werden, auch wenn die *political correctness* eben dieses fordert. (Was war das für ein Getöse, als Martin Walser in der Paulskirche einmal den Begriff »Auschwitzkeule« benutzte.) Doch das ist nicht gleichbedeutend damit, die Vergangenheit vorsätzlich zu verdrängen. Keiner sinkt beim Betätigen des Lichtschalters auf die Knie und dankt – je nach Konfession und politischer Gesinnung – dem Herrgott für den Wind, der die Krafträder dreht, oder der Evolution für die Verkohlung der Karbonwälder, oder Otto Hahn, der die Atomspaltung entdeckte. Man nimmt es als normal und gegeben hin, dass es hell wird. Aber des Ursprungs des Stroms erinnert man sich wohl, insbesondere dann, wenn man aufgefordert wird, »den Anbieter« zu wechseln, wenn der Strompreis wieder einmal erhöht wurde.

So verhält es sich in gewisser Weise auch mit der Vergangenheit. Geschichte ist Geschichte. Sie lässt sich im Nachgang weder ändern noch schönen. Aber man kann aus ihr lernen, Schlüsse ziehen und Haltung bezeugen.

Und wie war das nun mit Dresden?

Die vier Angriffe der *Royal Air Force* (RAF) und der *United States Army Air Forces* (USAAF) auf Dresden im Februar 1945 waren keineswegs die schwersten Flächenbombardements des Zweiten Weltkrieges. Aber nicht nur wegen des Zeitpunktes galten sie als die fragwürdigsten.

Zu den unmittelbar danach verbreiteten Legenden gehörte die Erklärung, die Angriffe der Roten Armee wären ins Stocken geraten, man habe helfen müssen. Im Februar 1945 standen deren Truppen bereits diesseits der Oder und rund 70 Kilometer vor Berlin. Das militärische Schicksal der Hitlerdiktatur war längst besiegelt. Angeblich hätte auf der Konferenz in Jalta (4. bis 11. Februar) Stalin die Alliierten zu Fliegerangriffen gedrängt, »darunter auch die auf Dresden« (*http://de.wikipedia.org/wiki/Luftangriffe_auf_Dresden*)

Das alles ist zweckdienliche Propaganda.

Die Planungen für diese militärische Operation liefen bereits seit Monaten. Und sie zielte weniger auf das hitlerdeutsche Hinterland, sondern auf den mächtigen Verbündeten in der Antihitlerkoalition im Osten. Noch besaß man nicht den atomaren Knüppel, an dessen Fertigstellung fieberhaft in den USA gearbeitet wurde. Also wollte man der Sowjetunion mit konventionellen Mitteln eine vergleichbare Vernichtungskraft demonstrieren. Die Operation trug den Codenamen »Thunderclap«, Donnerschlag. Und es wird kolportiert, dass Churchill mit einem Zirkel in die Berlin-Karte stach, genau dort, wo sich das Brandenburger Tor befand, und einen Kreis von sechs Kilometern Durchmesser zog. Dort sollte kein Stein auf dem anderen bleiben, forderte er.

Prof. Mike Davis, Kulturhistoriker am Southern California Institute of Architecture, berichtete 1999 in der New Yorker Zeitschrift *Grand Street* über ein »German Village«, das auf dem Militärgelände »Dugway Proving Ground« in der Strauchwüste von Utah, rund hundert Kilometer von Salt Lake City entfernt, errichtet worden war. Dort probten die Amerikaner die Bombardierung Berlins. Detailgetreu ließen sie Mietskasernen nachbauen. Architekt dieses Bombodroms war der renommierte deutsche Jude Erich Mendelsohn.

»Im Jahr 1943 heuerte das US-Korps für chemische Kriegführung Mendelsohn heimlich an und gewann ihn dafür, gemeinsam mit Technikern von Standard Oil in der Wüste von Utah ein Berliner Arbeiterviertel im Miniaturformat zu errichten. Eine Mietskaserne mit der Bezeichnung *Building 8100* steht heute noch. Das Bauwerk lässt nicht ahnen, dass hier derselbe Mann am Werk war, der zur Weimarer Zeit für solche Berliner Wahrzeichen wie das Mosse-Haus, das Columbus-Haus, das Wohnhaus Sternefeld in Charlottenburg oder das Observatorium Einsteinturm in Potsdam verantwortlich zeichnete.

Absolute Ähnlichkeit in jeder Hinsicht, lautete die Vorgabe. Seine Auftraggeber hatten es eilig. Trotz erfolgreicher Luftangriffe, die deutsche Städte in Flammenmeere verwandelten, wuchs auf Seiten der Alliierten die Frustration, weil es ihnen nicht gelingen wollte, auch in der Reichshauptstadt einen Feuersturm zu entfachen.

Ihre wissenschaftlichen Berater forderten deshalb ein Sofortprogramm, bei dem die Brandeigenschaften von Arbeiterwohnhäusern anhand exakter Abbilder getestet werden sollten. Planung und Bau wurden mit geheimen Forschungen über die Entflammbarkeit japanischer Häuser koordiniert, denn auch die simulierte Vernichtung japanischer Ziele stand in Dugway auf dem Programm.

Mendelsohns Leistung bestand in der Anonymität des Ergebnisses: sechs Versionen der typischen Mietskasernen, die Berlins Arbeitergebiete zu den am dichtesten besiedelten Arme-Leute-Vierteln Europas machten. Die Nachbauten waren zwar nicht so hoch wie ihre siebenstöckigen Vorbilder im Wedding oder in Kreuzberg, ansonsten aber handelte es sich um verblüffend genaue Duplikate.

Der deutsche Stararchitekt beschaffte den Amerikanern Informationen über die Dachkonstruktionen in den Zielgebieten, da sie einen kritischen Faktor für den Erfolg der Brandbomben darstellten. ›Erweitert und bestätigt‹ wurden die Daten laut Standard Oil ›von einem Angehörigen des Lehrkörpers der Harvard Architecture School, bei dem es sich um einen Experten für die deutsche Holzrahmenbauweise‹ handelte.

Die Baufirmen stellten sicher, dass die in Dugway verwendeten Rahmen in Alterung und spezifischer Dichte den deutschen möglichst genau entsprachen. Die Hölzer wurden teilweise sogar aus Murmansk importiert. Weil Brandexperten einwandten, Dugways Klima sei zu trocken, sorgte Standard Oil für die richtige Feuchtigkeit: GIs mussten die Ziele ständig mit Wasser begießen, um den Berliner Regen nachzuahmen.

Mit der Inneneinrichtung wurden versierte Hollywood-Dekorateure der RKO-Studios beauftragt; sie hatten sich als Ausstatter des Films ›Citizen Kane‹ Lorbeeren verdient. Unterstützt von Handwerkern, die ihr Metier in Deutschland gelernt hatten, schufen sie jene billige, aber schwere Möblierung, die in den meisten Berliner Arbeiterhaushalten zur Aussteuer gehörte. Sogar deutsche Textilien wurden beschafft, um etwaige typische Eigenschaften von Bettdecken und Vorhängen bei Bränden sorgsam zu studieren.

Insassen des Staatsgefängnisses von Utah, die in großer Zahl als Arbeitskräfte verpflichtet wurden, brauchten nur 44 Tage, um German Village und das japanische Pendant (zwölf Doppel-Apartments, komplett eingerichtet mit Hinoki-Holz und Tatami-Strohmatten) fertig zu stellen. Der gesamte Komplex wurde anschließend mit Brandbomben beworfen und zwischen Mai und September 1943 mindestens dreimal vollständig wieder aufgebaut.

Mendelsohns Verantwortung für das Berliner Bauprojekt im Wilden Westen steckt voll bitterer Ironie. Der Architekt hatte ein starkes Interesse an Reformen im Wohnungsbau und an einer neuen Wohnkultur. Dennoch beteiligte er sich nie an den großen Ausschreibungen, die Ende der 20er Jahre von den Sozialdemokraten organisiert wurden.

Besonders rätselhaft war Mendelsohns Fehlen 1927 bei der Planung der Weißenhofsiedlung in Stuttgart, eines von Ludwig Mies van der Rohe geleiteten Vorzeigeobjekts, das der amerikanische Architekt Philip Johnson als ›wichtigste Gruppe von Gebäuden in der Geschichte der modernen Architektur‹ bezeichnet hat. Mendelsohn-Biograf Bruno Zevi vermutet, der Baumeister sei aus antisemitischen Gründen ausgeschlossen worden. Wenn das stimmt, war Dugway seine Rache. Die Mietskasernen wurden nachgebaut, um ›dem deutschen Industriearbeiter sein Dach über dem Kopf zu nehmen‹, wie es die Engländer unverblümt formulierten, auch wenn die USA kurz nach ihrem Kriegseintritt immer wieder versicherten, ihre Air Force werde niemals absichtlich den ›kleinen Mann auf der Straße‹ zum Ziel von Angriffen machen, sie sei der ›sauberen‹ Zerstörung rein militärischer oder militärisch-industrieller Ziele verpflichtet.

Die 8. US-Luftflotte flog bei Tageslicht ›Präzisionsschläge‹ ganz im Gegensatz zu ihren britischen Verbündeten, die, verbittert über die Bombardierung Londons, deutsche Städte nachts mit Bombenteppichen belegten und hofften, dass die Bewohner entmutigt und sich gegen das Nazi-Regime erheben würden.

Die neuartige technische Ausstattung der B-17 (›Fliegende Festungen‹) und die hoch entwickelten Norden-Abwurfzielgeräte ermöglichten den USA einen Bombenkrieg ›mit demokratischen Werten‹. Damals wie heute wurden ›zivile Nebenschäden‹ vornehm unter den Teppich gekehrt, um das nationale Gewissen nicht zu belasten. Doch wie die Errichtung von German Village zeigt, hat die Wirklichkeit weitaus dunklere Seiten.

Die Berliner Mietskasernen wurden im Mai 1943 auf dem Dugway Proving Ground errichtet, kurz bevor Winston Churchill im Zentrum Hamburgs orkanartige Feuerstürme entfachen ließ. Ihr Zweck bestand darin, Möglichkeiten zu erproben und Probleme zu lösen, die ganz eindeutig jenseits der moralischen Grenzen einer Punktzielbombardierung lagen.

Die Bauten wurden zu einer Fachmesse für die wachsende Lobby des Feuerkriegs.

Die Planer des heraufziehenden Luftkriegs gegen Japan waren hoch interessiert daran, welche Wirkung neue Brandstoffe, darunter Napalm und sogar eine ›Fledermausbombe‹, die hunderte lebender, mit winzigen Brandsätzen präparierter Fledermäuse enthielt, beim Einsatz gegen japanische Häuser haben würden.

Berlin jedoch würde ›sich schwieriger gestalten als die meisten anderen deutschen Städte‹, urteilte der leitende Brandbombenexperte Horatio Bond vor dem nationalen Ausschuss für Rüstungsforschung der USA. ›Die Bauqualität ist höher, und die einzelnen Blocks sind besser voneinander getrennt.‹ Wie die Tests auf dem Dugway Proving Ground zeigten, war ›kaum zu erwarten, dass die Flammen ungehindert von einem Gebäude auf das nächste übergreifen‹.

Armageddon fand somit in zwei Akten statt: Der erste war die ›Luftschlacht um Berlin‹ der Royal Air Force (RAF) vom November 1943 bis März 1944, der zweite die ›Operation Donnerschlag‹ im Februar 1945. Luftmarschall Arthur Harris, der den Briten versprochen hatte, Berlin ›so lange zu bombardieren, bis das Herz von Nazi-Deutschland aufgehört hat zu schlagen‹, schickte die schweren Bomber der RAF am 18. November 1943 Richtung deutsche Hauptstadt.

Die Lancaster flogen in gefährlich dichten Formationen und konzentrierten ihre Ladungen auf kleine, dicht besiedelte Gebiete. Den Brandbomben folgten Sprengkörper, deren erklärter Zweck es war, Feuerwehrleute und Rettungskräfte zu töten. Gemäß der Doktrin der Royal Air Force, Berlins rote Industriearbeitersiedlungen anzugreifen, um möglichst großen Unmut zu säen, wurde der Wedding, Hochburg der KPD, fast vollständig in Schutt und Asche gelegt.

Obgleich es Harris nicht gelang, einen Feuersturm nach dem Vorbild Hamburgs zu entfesseln, machten die Lancaster doch immerhin fast ein Viertel der zentralen Stadtteile dem Erdboden gleich. Bis zu 1,5 Millionen Berliner wurden obdachlos, etwa 10.000 verloren ihr Leben.

Als Hitler nach der Landung der Alliierten in der Normandie Vergeltung mit V1- und später V2-Angriffen auf London übte, war Churchills erste Reaktion die Forderung nach weiteren Angriffen auf Berlin. Selbst den Einsatz von Giftgas ließ er prüfen, und auch Biowaffen waren nicht tabu: ›Es ist absurd, in dieser Frage Moral ins Spiel zu bringen.‹

Er bat Roosevelt um die beschleunigte Lieferung von 500.000 streng geheimen ›N-Bomben‹. Sie enthielten tödliche Milzbrand-Erreger, die Wissenschaftler in Dugway gezüchtet hatten. Giftgas und Milzbrand waren für das Weiße Haus zu viel, aber Roosevelt wollte den Briten unbedingt entgegenkommen.

Im August 1944 erklärte er gegenüber seinem Finanzminister Henry Morgenthau Jr. wutentbrannt: ›Wir müssen hart mit Deutschland umgehen, und ich meine die Deutschen, nicht nur die Nazis. Entweder müssen wir das deutsche Volk kastrieren oder ihm so eine Behandlung verpassen, dass es nicht weiter Nachwuchs zeugen kann, der dann immer so weitermachen will wie in der Vergangenheit.‹

Im gleichen Monat unterbreitete Churchill dem amerikanischen Präsidenten den Plan für die ›Operation Donnerschlag‹, der auch vorsah, dass 220.000 Berliner in einem einzigen Großangriff von 2.000 Bombern verwundet oder getötet würden. Roosevelt stimmte im Grundsatz zu, obwohl einige hohe Air-Force-Kommandeure Anstoß nahmen an den zu erwartenden Auswirkungen.

Der US-Kriegsheld Jimmy Doolittle, Kommandeur der 8. Luftflotte, reagierte ebenfalls erbittert, als ihn General Dwight D. Eisenhower anwies, sich für den ›wahllosen‹ Abwurf von Bomben auf Berlin bereitzuhalten.

Am Ende wurde der Befehl für die Aktion Donnerschlag, die nun auch Dresden und Leipzig als Zielorte umfasste, aus Gründen erteilt, die ebenso viel mit der Beendigung des Zweiten Weltkriegs zu tun hatten wie mit dem späteren Kalten Krieg. ›Die völlige Verwüstung der Innenstadt einer so großen Metropole wie Berlin‹, hatte die RAF vorausschauend in einer Besprechung verkündet, ›würde unsere russischen Verbündeten und die neutralen Staaten von der Schlagkraft der anglo-amerikanischen Luftstreitkräfte überzeugen‹.

Als der bleigraue Winterhimmel über Berlin am 3. Februar 1945 endlich aufklarte, hielt Doolittle seine verwundbaren B-24-Bomber hartnäckig zurück und schickte stattdessen mehr als 900 B-17, eskortiert von hunderten von Jägern. Es war nicht der große K.o.-Schlag, wie ihn sich die Engländer vorgestellt hatten, trotzdem starben 3.000 Berliner.

Dresden kam zehn Tage später der ursprünglichen apokalyptischen Vision der ›Operation Donnerschlag‹ näher. Strategische Bedeutung hatte die mit schlesischen Flüchtlingen, Zwangsarbeitern und alliierten Kriegsgefangenen überfüllte Kulturmetropole lediglich als temporärer Verkehrsknotenpunkt für die zusammenbrechende Ostfront. Amerikanische Bomber konzentrierten sich auf die Bahnhöfe und Gleisanlagen, die Briten nahmen alles andere aufs Korn. Das Ergebnis war der größte Feuersturm seit Hamburg. Die geschätzte Zahl der Toten betrug 35.000 bis 40.000. Im gleichen Jahr fielen hunderttausende Japaner den Feuersbrünsten zum Opfer, die B-29-Bomber in ihren Städten entfachten.

Diese Erinnerungen an die dunkelste Seite des ›guten Krieges‹ hängen noch immer schwer über den giftigen Hinterlassenschaften rings um German Village. Auch heute noch, da der Potsdamer Platz und die anderen offenen Wunden Berlins sich in prunkvolle Zeugen des Wohlstands im wiedervereinigten Deutschland verwandeln.

Mendelsohns einsame Mietskaserne erscheint als Mahnmal für eine allzu selbstgerechte Bestrafung der

Horte des Bösen. German Village, Berlins heimlicher Ort der Trauer, liegt unbeachtet inmitten der Wüste von Utah.«

Soweit der sehr erhellende Text von Prof. Mike Davis. Er ist nicht der Einzige, der die These vertritt, dass Dresden deshalb in Schutt und Asche sank, weil die Machtdemonstration der Alliierten in Berlin am 3. Februar 1945 nicht sehr überzeugend gelang. Er widerlegt zugleich auch die These, dass Churchill und Rooesevelt einer Bitte Stalins gefolgt seien: Man probte schließlich schon seit Jahren in Utah. Drittens schließlich, darauf sei angesichts der heutigen antikommunistischen, antisowjetischen Hetze besonders verwiesen: Es finden sich in den russischen Archiven nicht annähernd so barbarische Pläne zum Massenmord an Zivilisten wie in den britischen und amerikanischen Militärarchiven. Denn es hat solche menschenverachtenden Absichten dort nie gegeben. Auch darüber sollte man einmal nachdenken.

Natürlich sollen wir stets bedenken, dass zunächst Polen, Russen, Briten, Franzosen unter deutschen Bomben starben, ehe deutsche Städte und deutsche Zivilisten Opfer der Gegenschläge wurden. Das hütet davor, die deutsche Bevölkerung zum Märtyrer zu stilisieren. Das deutsche Volk war mitschuldig am Krieg, weil es den Faschismus nicht nur billigend hingenommen, sondern ihn mehrheitlich auch über Jahre getragen hat. So geriet es aus der Mitschuld zwangsläufig auch in Mithaftung.

Dennoch stellt sich die Frage nach der Verhältnismäßigkeit ihrer Bestrafung.

Als Sir Arthur Travers Harris, genannt Bomber-Harris, der Oberkommandierende des RAF Bomber Command, zu seinem 100. Geburtstag 1992 mit einem Denkmal geehrt wurde, regte sich nicht nur in Deutschland Protest. Und als die Queen 1994 Dresden ihre Aufwartung machte, demonstrierten nicht nur Sachsen gegen die sinnlose Zerstörung der Stadt.

Der Spiegel erinnerte 1995 in Heft 6 an die Apokalypse. »Dresdens Untergang gilt als Jahrhundertsymbol sinnloser Zerstörung. Stärker noch als etwa bei der ›Operation Gomorrha‹, die 1943 große Teile Hamburgs in Schutt und Asche gelegt hatte, verbreitete dieser wirkungsvollste konventionelle Luftschlag während des Zweiten Weltkriegs in Europa lähmendes Entsetzen unter der Bevölkerung.

Zwar waren dem Bombenhagel in Hamburg mindestens rund 15.000 Menschen mehr zum Opfer gefallen; auch stand Dresden mit 40 Prozent völlig vernichteter Wohnungen in der Reihe deutscher Ruinenstädte hinter Köln, Dortmund und Pforzheim. Aber nie zuvor waren deutsche Zivilisten binnen weniger Stunden einem so massiven und konzentrierten Angriff ausgesetzt worden. Nun widerfuhr Adolf Hitlers ›Drittem Reich‹, was der großgermanische Eroberer den alliierten Feindmächten angedroht hatte. Die Deutschen selbst hatten der Welt bei der Bombardierung des englischen Coventry 1940 gezeigt, dass Luftflotten ganze Städte, wie Hitler sagte, ›ausradieren‹ konnten.

Zum Schock mag auch beigetragen haben, dass die Dresdner ihr Elbflorenz lange Zeit für sakrosankt hielten. Tatsächlich blieb die Stadt, von einigen kleineren Attacken abgesehen, bis zum Februar 1945 nahezu unversehrt. In den Operationsplänen der West-Alliierten tauchte die sechstgrößte Industriestadt des Deutschen Reiches als mögliches Angriffsziel erst in der letzten Phase des Krieges auf.

Flächenbombardements anstelle zielgenauer Schläge gegen ausgewählte Objekte wie Treibstofflager, Bahnlinien und Versorgungseinrichtungen waren von den Briten schon früh als strategische Alternative erkannt worden. Weil es mit der Präzision bei Bombenabwürfen oft haperte, mussten großflächige Angriffe verlockend erscheinen. Energischer Verfechter dieser Ausweitung des Krieges auf die Zivilbevölkerung war Sir Arthur Harris, seit 1942 Oberbefehlshaber des Bomberkommandos der Royal Air Force.

Unablässig drängte er darauf – ganz im Sinne seines Mentors, des britischen Premiers Winston Churchill, der sich nur aus politischen Gründen zuweilen von ›Bomber-Harris‹ distanzierte –, hinter den Fronten Stadt für Stadt auszulöschen. [...] Auf der Konferenz von Casablanca, Anfang 1943, bekräftigten Briten und Amerikaner ihr Ziel, durch kombinierte Bomberoffensiven die ›Unterhöhlung des Kampfgeistes des deutschen Volkes‹ fortzusetzen. Während die US-Luftwaffe sich auf Punktziele am Tage beschränkte, setzte Harris, zum Teil gegen den Widerstand seiner Vorgesetzten, weiter auf großflächige Bombardements in der Nacht.

45 von 60 wichtigen Städten seien zerstört, freute sich der ›Schlächter‹, wie ihn nicht wenige nannten, im Herbst 1944. Der Rest müsse nun auch noch erledigt werden, forderte er, darunter: Dresden.

Kriegsentscheidend war das Bombardement angesichts der drückenden materiellen Überlegenheit der Alliierten längst nicht mehr, auch wenn die das deutsche Potential noch überschätzten.«

Es gibt eine Anekdote über Harris. Selbst wenn sie sich nicht so zugetragen haben sollte, was aber zu bezweifeln ist, so charakterisiert sie selbst als erfundene Geschichte ziemlich genau den Mann. Harris sei während des Krieges einmal von einem Polizisten angehalten worden, da er zu schnell fuhr. Der Ordnungshüter tadelte ihn: »Sir, Sie hätten jemanden umbringen können.« Darauf soll Harris geantwortet haben: »Junger Mann, ich bringe jede Nacht Tausende von Leuten um.«

Und hier bricht das Problem auf.

Luftangriffe wie jene auf Dresden zielten nicht primär darauf, die Militärmaschinerie des verhassten Nazistaates zu zerschlagen, sondern möglichst viele Menschen umzubringen. Der Massenmord war politisches Kalkül.

Das sollte man – bei allem Respekt vor dem Sieg der Antihitlerkoalition und der damit verbundenen Befreiung des Kontinents von der Nazi-Diktatur, wofür wir ihr ewig Dank schulden – auch so deutlich aussprechen.

Dazu gehört auch, allen Versuchen zu widersprechen, Kriegsverbrechen wie die Luftangriffe auf Dresden kurz vor der Kapitulation zu relativieren, ihre ungeheure Dimension zu reduzieren. Ob nun 35.000 Opfer plusminus 10.000 macht keinen Unterschied: Jeder Leichenberg dieser Größenordnung übersteigt unser Vorstellungsvermögen. In solcher Region verbietet sich jeder Streit um Zahlen eigentlich von selbst. Es hat etwas von Leichenfledderei.

Und vielleicht sollte man auch ein mal daran erinnern, dass in Leningrad während der faschistischen

Blockade etwa 700.000 Menschen starben. Und: dass am Morgen des 13. Februar 1945 die letzten 70 Dresdner Juden deportiert wurden.

Im September 1987 war ich Presseberichterstatter im Bezirksgericht Dresden. Dort wurde gegen den ehemaligen SS-Obersturmführer und Leiter des Referats IV der Staatspolizeistelle Dresden der Gestapo verhandelt. Dieser Henry Schmidt, seit 1977 Rentner, war nachweislich für die Deportation der jüdischen Mitbürger verantwortlich, er hatte dafür gesorgt, dass Dresden »judenfrei« wurde.

Schmidt war zu Kriegsende untergetaucht, hatte sich die SS-Tätowierung am Arm entfernen lassen und in der Verwaltung des VEB Starkstromanlagenbau Halle, später als Geschäftsführer einer Arbeiterwohnungsbaugenossenschaft gearbeitet. Mit Akten aus Polen konnte er ermittelt und festgenommen werden.

Die Verhandlungen zogen sich knappe zwei Wochen hin, das öffentliche Interesse war groß. Ich erlebte, wie Zeugen aussagten, die von Schmidt persönlich geschlagen und malträtiert worden waren. Einer schilderte, und die Spuren waren noch Jahrzehnten in seinem Gesicht zu sehen, wie Schmidt ihm mit voller Wucht einen gläsernen Aschenbecher gegen den Kopf gehauen hatte. Vielen Beobachtern stockte der Atem bei solchen Berichten, weil plötzlich und plastisch vor unser aller Augen stand, was faschistische Herrschaft konkret bedeutete.

Wir traten ins Freie und rangen nach Luft. Und hinterm Gericht türmten sich die Trümmer der Frauenkirche mit dem Lutherdenkmal davor: jenes tieftraurige Ensemble, das an Krieg und Faschismus erinnerte.

Schmidt wurde gemäß dem Statut des Internationalen Militärgerichtshofes von Nürnberg, einschlägiger UNO-Konventionen und den Gesetzen der DDR zu einer lebenslangen Freiheitsstrafe und der Aberkennung der bürgerlichen Ehrenrechte verurteilt. Das Urteil wurde vom Obersten Gericht der DDR bestätigt, eine Berufung abgewiesen.

Nirgendwo ist dokumentiert, wie lange der 1912 in Chemnitz geborene Schmidt einsaß und ob sein Urteil nach 1990 bestätigt oder aufgehoben wurde. Das Internet verrät nicht einmal, ob Schmidt noch lebt.

Dennoch ist seine Biographie exemplarisch. Sie trägt auch viel zum Verständnis der Dresdner Geschichte, von Krieg und Faschismus bei. An so einer Person wird sichtbar, wie alles irgendwie miteinander zu tun hat.

Die Gefahr der Gegenwart besteht darin, dass man, wie der Volksmund sagt, den »Wald vor lauter Bäumen« nicht mehr sieht. Wir haben exzellente Beschreibungen jedes einzelnen Stammes und Astes, jeder Käfer, der am Stamm hochklettert, wird detailliert geschildert. Kein Blatt wird ausgelassen, kein Eichhörnchen vergessen ... Aber zum Wald als Ganzes wird nichts gesagt. Ob es sich um einen Laub-, einen Misch- oder um einen Nadelwald handelt, erfährt man nicht.

Von dieser Art selektiver Wahrnehmung scheint mir auch der Streit um die Dresdner Opferzahlen.

Und folgerichtig streiten sich auch die politischen Parteien um dieses zweifelhafte »Erbe«. Die Neonazis reden von Kriegsverbrechen der Alliierten und nutzen alljährlich die Wiederkehr des Datums für demagogische Ausfälle und Aufmärsche. Die bürgerlichen Parteien streben ein Gesetz an, in welchem das Versammlungsrecht eingeschränkt wird. Am Jahrestag soll in der gesamten Dresdner Innenstadt nicht demonstriert werden dürfen – »weder von Rechten noch von Linken«.

Die Berliner *tageszeitung* schrieb am 11. Februar 2009, am Vorabend jenes Jahrestages: »Dresden – so hat es den bedauerlichen oder auch bedenklichen Anschein – ist nicht mehr nur eine Chiffre des Bombenkriegs und des Leids auch der deutschen Zivilbevölkerung. Unter dem Eindruck jahrelanger rechter Aufmärsche scheint die Stadt inzwischen auch ein Synonym für die mangelnde Fähigkeit geworden zu sein, dem Geschichtsrevisionismus der Neonazis und Nationalkonservativen etwas entgegenzusetzen, wenn nicht gar für deren Versuche selbst, deutsche Opferzahlen gegen die nationalsozialistischen Verbrechen aufzurechnen.

Mindestens ebenso sehr aber steht die Stadt auch und noch immer für die Künste und ihre Italianità, für Versöhnung und Wiederaufbau. Diese Zuschreibungen sind die Kehrseite der Medaille – konkurrierender Kontrast und zugleich Resonanzraum für die anderen Dresden-Mythen. Abgesehen von Berlin als Hauptstadt, dem Weimar der Klassiker und Buchenwalds und Nürnberg, der Stadt des Mittelalters und der Meistersinger, der Reichsparteitage wie der NS-Kriegsverbrecherprozesse besitzt kaum eine andere Stadt eine vergleichbar vielschichtige, auch ambivalente symbolische Aufladung. Und kaum eine andere Stadt erregt mit ihren Debatten bundesweit eine ähnlich kontroverse und emotionalisierte Anteilnahme – vom Wiederaufbau der Frauenkirche bis zum Streit um den Bau der sogenannten Waldschlösschenbrücke.

Dresden – das war bis weit ins 19. Jahrhundert hinein wegen ihrer vermeintlichen Dekadenz verpönte Residenzstadt der Wettiner, die für den polnischen Thron die Führungsrolle des protestantischen Deutschlands an Preußen abzugeben bereit gewesen waren, die in den sogenannten Befreiungskriegen gegen Napoleon noch bis in die Leipziger Völkerschlacht auf Seiten der Franzosen standen und sich immer mehr für italienische Malerei interessierten als eine *deutsche* Kunst. Erst mit den Romantikern bekam die Stadt, die für Winckelmann und Kleist die erste Begegnung mit einem imaginierten Süden war, ihren Platz als *Elb-Florenz*, wie sie Herder wegen ihrer Antikensammlung nannte, unstrittig zugewiesen.

Der Nimbus der Kunststadt ist es, der den Mythos vom Untergang der in die nationalsozialistischen Verbrechen vermeintlich kaum verstrickten Barockstadt erst möglich machte. Niemand, so geht die Erzählung, habe ernsthaft daran geglaubt, dass Dresden – militärisch, industriell und logistisch vermeintlich bedeutungslos – Ziel alliierter Luftangriffe werden könnte. Umso größer erscheint die Schuld der Vernichtung im Flächenbombardement. Plötzlich, unerwartet und einzigartig lauten die Attribute, die sich unmittelbar danach und befördert von der nationalsozialistischen Propaganda mit dem Angriff verbunden haben. Bis in die DDR hinein wirkte die Erzählung von der Kulturwut der – so eine damalige Formulierung – *angloamerikanischen Luftgangster*.

[...] Auch die oppositionelle, kirchlich geprägte Friedensbewegung wandelte auf einem schmalen Grat, wenn seit Beginn der 1980er-Jahre beim Gedenken an der

Ruine der Frauenkirche das von den Deutschen zerbombte Coventry vielfach als Gegenstück der eigenen Dresdner Erfahrung gleichgesetzt wurde. Nach der Wiedervereinigung wurde die Gedenkreihe im Golfkrieg um Bagdad erweitert. Was für die Bombardierten unzweifelhaft ein und denselben existenziellen Schrecken bedeutet – historisch und politisch sind solche Gleichsetzungen unzulässig.

Und Dresden – das ist auch die Stadt des Sich-Neu- und Wieder-Erfindens von der Reformbewegung und Gartenstadt Hellerau bis hin zum PR-Topos vom Silicon Saxony der Chipindustrie, das selbst in der Krise mehr mit München und Frankfurt zu verbinden scheint als mit den Schwesterstädten der Dauer-Depression Ost. Umso größer war deshalb auch die Bestürzung, als ausgerechnet im scheinbar stabilsten Bundesland des Ostens die NPD im Jahr 2004 zum ersten Mal seit Ende 1960er-Jahre wieder in einen Landtag einzog – mit dem im einst roten Sachsen erschreckend nah an die SPD heranreichenden Ergebnis von mehr als neun Prozent der Wählerstimmen.

Die Stadt deshalb als hoffnungslosen Fall abzuschreiben, wäre dennoch verfehlt. Die antideutsche Kampagne, die mit Parolen wie ›Keine Träne für Dresden‹ einen vermeintlichen ›deutschen Konsens‹ angreift, schießt über das Ziel hinaus. Sie verhöhnt die Opfer. Und sie lässt eben jene Trennschärfe vermissen, deren Fehlen sie den Attackierten attestiert. Mangelnde Deutlichkeit der Abgrenzung ist nicht mit Einverständnis zu verwechseln, und es gibt durchaus Signale für eine Kursänderung in dieser Frage.

Zu den Erstunterzeichnern eines Aufrufs zum ›GehDenken‹, der mit Gegendemonstrationen auch hörbar gegen den rechten Aufmarsch protestieren will, zählen neben dem SPD-Politiker Wolfgang Thierse, Linke-Fraktionschef Gregor Gysi und der Grünen-Parteivorsitzenden Claudia Roth nicht nur Ex-Bundespräsident Richard von Weizsäcker, sondern ebenso – auch wenn er seine Unterschrift auf innerparteilichen Druck zurückzog – der sächsische Ex-Ministerpräsident Kurt Biedenkopf.

Die neue CDU-Oberbürgermeisterin Helma Orosz lehnt zwar eine Beteiligung an den Demonstrationen ab, will aber symbolisch auf einen der ›GehDenken‹-Züge treffen. Außerdem sind bei der offiziellen Gedenkzeremonie auf dem Dresdner Heidefriedhof, wo sich Vertreter der Siegermächte des Zweiten Weltkriegs in den vergangenen Jahren immer wieder mit Abordnungen der NPD konfrontiert sehen mussten, ›protokollarische Veränderungen‹ vorgesehen.

Symbolisch tritt Dresden bislang als die Stadt der Zerstörung, des Gedenkens, des Wiederaufbaus und auch des Versuchs eines Revisionismus auf. Diesem mehrdeutigen Erinnerungsort eine weitere Komponente hinzuzufügen oder besser ihn gar umzukodieren als Ort der Auseinandersetzung mit Geschichte, als Ort der Zurückweisung rechter Vereinnahmungsversuche und eines breiten demokratischen Konsens – das hieße, den Geschichtsrevisionisten tatsächlich eine Niederlage beizubringen. Es wäre ein wichtiger Erfolg für die Zivilgesellschaft, wichtig zumal im Osten.«

Soweit die *taz* und der richtige Hinweis, dass es sich um Versuche von Geschichtsrevisionismus handelt.

So gesehen – und anders kann man es nicht nennen – ist Dieter Lämpes beharrliches Nachfragen bezüglich der Opferzahlen, seine Kritik am ignoranten Umgang mit den Nachforschungen des langjährigen Dresdner Oberbürgermeisters Weidauer ein durchaus wirksamer Beitrag gegen das Schleifen tradierter Geschichtsbilder.

Und für die Schaffung eines breiten demokratischen Konsens bei der Abwehr rechtskonservativer Deutungsmuster zur Vergangenheit.